BE YOUR BEST SELF

人生・キャリアのモヤモヤから自由になれる

大人の「非認知能力」を鍛える25の質問

ボーク重子 著
ShigekoBork

Discover

はじめに：激変の時代のキャリア構築に必要な武器とは

人生の幸せの保証はなくなり、５年後さえも不透明な時代

あなたは、こんなふうに感じることがありませんか？

- ５年後、自分の仕事はどうなっているんだろう
- ５年後も今と同じモヤモヤを抱えているのだろうか
- 自分は本当にこの仕事をしたいのだろうか
- 何のために働いているのかわからない
- 社会とのつながりが感じられない

●自分らしい人生を生きたいけれど、どうしたらいいかわからない

「このままでいいのだろうか……」という不安やモヤモヤを感じるのも無理はありません。

親の世代に比べて今の私たちが生きる社会は、グローバル化・多様化・ＡＩ化・少子化・女性活躍・人生１００年時代・社会保障不安が加速し、５年先がどうなるかわからないといわれるほど見通しが立たない社会です。

私たちのキャリアは直にその影響を受けます。終身雇用なんてとっくの昔に崩壊しているし、２０３０年には今ある職業の49％が機械に取って替わられるともいわれています。お給料は30年上がらないのに、人生１００年時代ではもっとお金が必要になる。悠々自適の老後どころか、80歳くらいまで働かないといけない。

これまで信奉してきた学歴第一主義も偏差値も、人生の幸せと成功を保証してくれるものでは、もうない。そのうえ、新しい生き方をしているロールモデルがほぼ不在。

こんな状況で、不安を感じないでいることのほうが、よっぽど難しいのではないでしょうか。

「いい人」であればあるほど生きづらい

もしかしたら、あなたが「いい人」であればあるほど、この先のキャリアの不安を感じてしまっているのかもしれません。

小さい頃から一生懸命勉強して、良い成績を取って、偏差値の高い学校に合格して、大学を卒業したら、誰もが知っているような会社に就職して、結婚して、子どもを育てて、親の面倒をみて、年功序列で出世し終身雇用で定年になったら退職金をもらって、年金生活者となって一生を終えていく。

男性は一家の大黒柱として家族を養うことが当然とされ、女性は家族に尽くすために生きる。
そこに不平不満はなく、幸せな生活としてみんながそれを目指していく。

私たちはそんな「いい人」になることを期待され、一生懸命応えてきました。

それが「成功」と「幸せ」を約束してくれたからです。親孝行だったからです。
そんな「いい人」の人生を生きるために必要だった武器とは、

- 「女の子はこうあるべき」「男の子はこうあるべき」を守る
- 目立たない
- 失敗しない
- 指示待ち
- 効率重視
- 人に迷惑をかけない

・人より良い結果を出す

というものではなかったでしょうか。

しかし、これらの武器を使った成功法則とは、言い換えるとこんなふうになると思うのです。


自分で考えるよりも言われたことを効率よくこなし、失敗しないようにあらかじめ整備された道を言われたように歩き、人より良い結果を出し、期待を裏切らない良い子。

一言でいうなら、「求められた結果は出しても、指示待ちな人」です。


高度成長期からの「やればやっただけ結果が出た」仕組みの社会では、効率・画一化がすべてでしたから、これらの武器が威力を発揮したでしょう。

しかし今は、変化が少なく予測がついた高度成長期と違って、グローバル化・多様化・ＡＩ化・少子化・女性活躍・人生１００年時代・社会保障不安と激変の時代。

正解のない問題にあふれる社会では、指示を出してくれる人はいません。多様化の時代にはたくさんの選択肢があります。

前例もロールモデルもいない激変の時代は、地図がないも同然。そもそも、行き先も自分で考えないといけないのです。

従来の武器をせっせと磨いてきたいい人であればあるほど、将来のキャリアに対する不安や迷い、悩みを抱えているのが今の状況なのです。

20年前のアメリカで立ち往生した「良い子」

実は、私もそんな不安を抱えていました。「良い子」で生きてきた私が、結婚を機にアメリカに移住したときのことです。

世は女性活躍一色で、女性たちは自分らしい生き方を実現しはじめていました。

仕事に生きる人、副業を始める人、家庭と仕事を両立させるために仕事を減らす人、子育てに専念する人、起業する人、フリーランスになる人、ボランティアに励む人、趣味を謳歌する人、稼げるだけ稼ぎたい人、必要なだけ稼ぎたい人、など。

本当にいろんな生き方が目の前で展開されていたのです。

そこで私は、本当に落ち込んでしまいました。だって、どれが正解か誰も教えてくれないのだから。「これにしたら?」と選んでくれる人もいないし、そもそも自分は何をしたいのかもわからない。

アメリカで稼いでいく自信はないし、男性と対等に働く勇気はないし、失敗が怖いから新しいことなんて始められない。意見を求められても発言できない。

英語が問題なのではなくて、そもそも自分の考えがなかったのです。

そうして、

- この先、いったい私はどうなるのだろう

- 私程度の人間には、どうせできることなんてない
- どうせ失敗するからやらない
- 私の人生なんてこの程度

こんなモヤモヤを抱えていたのです。自己啓発本もキャリア構築本もたくさん読みました。現代アートの修士号だって持っていたけれど、私の人生は止まったままでした。

それが、あるときをきっかけに私の人生が１８０度変わります。

新しい時代、自分のキャリアを生きるために必要なのは新しい武器

それは、これまでとはまったく違う武器を手に入れたことです。

私が住むワシントンＤＣは魑《ち》魅《み》魍《もう》魎《りょう》うごめく魔界のようなところで、ここで成功できたら世界中どこに行ってもやっていける、と冗談で言われるほど競争の激しいところです。

私はどんなときも自分のキャリアを切り拓いている人たちをたくさん目にしてきました。

そこで観察して気がついたのは、この人たちが使っている武器は私が身につけている武器とは全然違うということだったのです。それも、真逆といっていいくらい逆で、しかも強力。

それから私は、ライフコーチについて学び、これらの武器を身につけることにしました。

その武器とは次の7つのものです。

第1の武器：自己肯定感　ありのままの自分を受け入れ、無条件に自分の価値を認める力

第2の武器：自分軸　他人の意見や評価に左右されない力

第3の武器：成功体質　「できる」という自己効力感と失敗を恐れない自己信頼感

第4の武器：主体性　やりたいことをやることで育まれる主体性・回復力・やり抜く力

第5の武器：オープンマインド　多様化社会と問題解決の鍵である柔軟性
第6の武器：共感力　利他の視点で他者を巻き込み、人生の可能性を高める力
第7の武器：プランド・ハップンスタンス（偶然力）　変化の激しい時代だからこそ機能する新キャリア構築理論

人はいろんな評価を私たちに押しつけてきます。売上が上がれば評価が上がり、点数が下がれば評価が下がる。それも一つの見方でしょう。

でも、私たちというこの世にたった一人しかいない人間の価値に変わりはないはず。そんなふうに、無条件に自分の価値を認めることができたらどうでしょう？

周りの批判や目を気にせず、自分の人生を自由に生きることができたらどうでしょう？

失敗を恐れず挑戦し、失敗してもそれを成功に変えていく。そんな自分と一緒なら、何があっても大丈夫だと思えませんか？

やりたいことをやるときに、私たちは何があってもあきらめない。やりたいことを見つけて、そんな主体性を発揮できたら人生本望ですよね。

私たちは、人とかかわって生きていく社会的動物です。だからこそ、良好な人間関係を築いていきたい。そこで必要になるのが柔軟性と、思い込みを押しつけないこと。そんなまっさらな気持ちで人と向き合うことができたら、人間関係で悩むことも少なくなります。

そして、自分一人の成功と幸せではなく、みんなで一緒に幸せになる。そんな夢を見るとき、私たちはいろんな人に助けられて、自分では思ってもみなかったような人生を築いていけます。

――そんな自分をつくるのが、「第1〜第6の武器」です。自己肯定感、自分軸、成功体質、主体性、オープンマインド、共感力のことですが、実はこれらからなるのが「**非認知能力**」なのです（くわしくは「序章」で後述します）。

そのあとでぜひ試していただきたいのが、1999年にカリフォルニアで生まれたキャリア構築理論です。

今の日本で広く知られているキャリア構築法とは真逆ともいえる方法ですが、自分の人

生を切り拓いている多くの人が実践しているものです。これを「第7の武器」としてあなたに贈ります。

道をつくる方法よりも、「何が起こっても大丈夫な自分」をつくることが先

キャリア構築の本はたくさんあります。生き方をつくっていく方法を教えてくれる本もたくさんあります。

ですが、今の時代を生きるために本当に必要なのは「道をつくる新しい方法」を知ることではありません。

それよりも大切なことは、激変の時代、何があるかわからないけれど、何があろうとも道を切り拓いていける自分になるということです。

そのためには、新しい社会で必要とされる武器を身につけることが肝要です。

日本よりも一足先にグローバル社会・多様化・テクノロジーの進化・女性活躍の洗礼を受けていたアメリカで、古い武器しか持っていなかった私は戦い方を知りませんでした。

ですが、新しい武器を身につけることで、どんな状況でも自分の道を切り拓いていけるようになったのです。

男性社会の現代アート業界で、ワシントンＤＣで起業し、50歳を機にまったくの初心者としてコーチングでまた新たに起業するなかで、時には嵐に見舞われ、道は寸断され、一本だったと思った道は何本にも枝分かれし、途中で地図はなくなり、一寸先は真っ暗闇……。

道かと思って一歩を踏み出したら崖から真っ逆さま……なんてこともありました。

だけど、ここまでたどり着けたのは、方法論以前に、どんなときも道を切り拓いていける武器を身につけた「自分」という存在があったからだと思っています。

従来の「いい人」であればあるほど、抱える不安や迷いが大きいでしょう。私もそうでした。

でも大丈夫。答えはここにあります。

この本は、今後あなたが手に取るかもしれない、いろんなキャリア構築本の内容を最も効果的に使える自分にする本です。いわば、真っ暗闇に光を照らす、そんな自分をつくる本なのです。

非認知能力育成のパイオニア、ライフコーチ・ボーク重子が伴走します

みなさん、はじめまして。ここであらためて自己紹介をさせてくださいね。

私はＩＣＦ会員（国際コーチング連盟ワシントンＤＣ支部）ライフコーチ、ボーク重子です。

ライフコーチはまだ新しい職業なので、「何だろう?」と思った方もいらっしゃるでしょう。ライフコーチとは、クライアントが自分にとって本当に意味のあるゴールを設定し、そのゴールを達成することで、自分らしく最高に幸せな人生を送るお手伝いをする仕事です。

「今ある自分」から「なりたい自分」になるという目標達成のプロセスを支える役なので、クライアントのチアリーダーともいえます。

私の専門は、「非認知能力」を育成するコーチング。

２０１８年に出版した『世界最高の子育て』(ダイヤモンド社)がベストセラーとなって以来、「非認知能力育児のパイオニア」とも呼ばれています。

今は非認知能力育成を専門とした「Shigeko Bork BYBS Coaching」を主宰。

そこで育成した１４０人を超える非認知能力育児コーチたちと一丸となって、日本全国そして世界各地で、女性と子どもの非認知能力の育成に努めています。

BYBSコーチング（BYBSとは「Be Your Best Self」、つまり「**自分史上最高の自分**」という意味で、ボーク重子の人生のモットーなのです）が提供しているのは、生きる力を育む非認知能力育児コーチング、女性のキャリアコーチング、ペアレンツコーチング、受験ママコーチング、企業のためのダイバーシティーコーチングなどです。

この4年間でコーチング、講演会、ワークショップに1万2000人以上を動員しています。

実は、大人向けに非認知能力について書いた本は、本書が初めてになります。

この本では、非認知能力育成のパイオニアとして、激変の時代を生きるみなさんが「どんなときも、きっと大丈夫」と思える自分になって道を切り拓いていくために、本当に役に立つスキル（行動）を共有したいと思います。

あなたはかけがえのない素晴らしい存在。そんなあなたの良さを、スキルを実践して最大限に引き出してね。

コーチングはスキル（行動）ベースだから結果が出る

ここで、もう少しくわしくコーチングについて説明させてください。

コーチングはアメリカが本場で、アメリカでは第2の成長産業といわれるくらい人気の職業です。ジムでパーソナルトレーナーを雇うくらい、一般的な職業でもあるのです。

それはなぜでしょうか？

結果が出るからです。コーチングはその人にとって本当に意味のある目標を設定し、達成するまでのプロセスを伴走しますが、そこで使うのは「スキル」（行動）です。

「がんばれ！」「やればできる」「勇気を出せ」という精神論ではありません。

精神論では限界があります。それはまるで念力でスプーンを曲げようとするものであって、時間と労力をかけても結果は保証されません。

もちろん、「想い」はとっても重要です。すべてはそこから始まるから。でも、それだけでは足りないのです。

スキルを実践するということは、自分が行動して結果をつくっていくことです。そんなあなたを励まし伴走するのがコーチの仕事。「スキルベース＋伴走」だからこそ結果が出るのです。

パーソナルトレーナーがクライアントの要望に合わせて筋肉を鍛えたり体重を管理したりするプログラムをつくってサポートするのと同じです。

「今ある自分」から**「こうなりたい自分」**の間にあるギャップをスキルの実践で埋めることで、**目標を達成する**のがコーチングなのです。

そして、どんなときも道を切り拓いていく自分になるために必要なのもスキル。精神論ではありません。

非認知能力育成のプロが開発したスキルの数々

本書では、ライフコーチ・ボーク重子が、本場アメリカのコーチングメソッド、人生の幸せと成功に大きく貢献することが証明されている非認知能力を育む学校教育コンセプト（社会情緒的教育）、科学的リサーチとデータ、私の数々の著書で解説している非認知能力育成スキル、論理的なビジネスツール、そして日本の文化的・慣習的背景を考慮して考案したスキルの数々をご紹介します。

みなさんがどんなときも道を切り拓ける自分となって、自分らしいキャリアを構築するために、本書では7章にわたって新しい武器を提供し、みなさんのゴール達成をお手伝いします。

従来の価値観と新しい価値観が混在する過渡期だからこその悩みや迷いもあるでしょう。

ロールモデルがいないことの不安もあるでしょう。

でも、もう恐れなくていい。そして、あなたは一人じゃない。

これからの人生に必要な新しい武器を一緒に身につけていきましょう。これからご紹介する「7つの武器」が、どんなときもあなたの道を明るく照らし、雨や風からあなたを守り、何があっても前に進む力となってくれます。

あなたが自分史上最高の自分となっていくプロセスを伴走させていただける機会に、心から感謝しています。

この本を自らの意志で読みはじめたあなただから、きっとできる。やり抜ける。

コーチ重子は応援しています、あなたのすぐ側で。

OK, Let's get it together.

Shigeko Bork BYBS Coaching LLC 代表　ボーク重子

人生・キャリアのモヤモヤから自由になれる
大人の「非認知能力」を鍛える25の質問　もくじ

序章 「7つの武器」を手に入れて、どんなキャリアも切り拓ける自分をつくろう

第1の武器

「自己肯定感」

ポジティブ思考を身につけ、ありのままの自分を受け入れる

第2の武器

「自分軸」

「他人軸の自分」から卒業して、人生の主導権を握る

第3の武器

「成功体質」

完璧主義と学習性無力感に別れを告げて、「できる自分」をつくる

第4の武器

「主体性」

「やりたい」を見つけて、好奇心を育む

第5の武器

「オープンマインド」

柔軟性を手に入れて、新しいやり方に目を向ける

第6の武器
「共感力」
巻き込む力を育み、「応援される自分」をつくる

第7の武器

「ブランド・ハップンスタンス」

「何となく＋短期の人生設計」で、最高に自分らしいキャリアをつくる

序章

「7つの武器」を手に入れて、どんなキャリアも切り拓ける自分をつくろう

「絶対に失敗しないとしたら何をしたい？」

講演会でこんなふうに問いかけると、驚くほどたくさんのワクワクする答えが返ってきます。それまで、

「やりたいことが見つからない」

「わからない」

と言っていた方たちも、自然と笑顔になってやりたいことを生き生きと話してくれるのです。

でも、「じゃあ、そんな人生を手に入れましょう！」と私が言うと、一転して「どうせ無理……」「自信がない」「失敗したらどうしよう」と、質問に答える前に戻ってしまいます。

実は、私もずっとそんな自分を生きてきました。
「わからない」と言いつつも、心の中には「こんなふうにできたらいいなあ」という気持ちがあったのに、「どうせ私には無理……」とやる前からあきらめていたのです。

たとえば20代のとき、私には大学院に行くという夢がありました。仕事仲間がみんな外にランチに行くとき、私はいつもコーンフレークとヨーグルトのランチでお金を貯めていたのに、心の中では「どうせ無理……」と自分に言っていました。
「こんな私に、そんな大それたことできるわけない」と思っていたのです。

30代でアメリカに移住したときも同様に、「私にギャラリーなんて本当に開けるわけがない」とやる前からあきらめていました。

古い武器で育ってしまった「思考のくせ」が、私を止めていたのです。

新しい武器は「非認知能力」からなる

この本では、古い武器で育ってしまった私たちの思考のくせについて知ることから始まり、その思考のくせを新しい思考のくせ、つまり機能する思考と行動の新習慣に書き換えていきます。

そうやってこれからの時代に自分のキャリアを生きるのに必要な武器を身につけていきますが、この武器には具体的に自己肯定感、自分軸、成功体質、主体性、オープンマインド、共感力などがあります。

これらを総称して「非認知能力」といわれています。

非認知能力とは、2000年にノーベル経済学賞を受賞したジェームズ・ヘックマン教授が「人生の幸せと成功に学力よりも大きく寄与する能力」と証明した能力です。

従来のテストの点数など、目に見える能力とは真逆の「目に見えない能力」で、「生きる力」ともいえます。「人間力」といってもいいでしょう。

これまでのように私たちを止めていた思考のくせは、いわば非認知能力が低い状態。自分を前に進める思考の新習慣は、非認知能力が高い状態といえます。

つまり、自己啓発本を読んでもキャリア本を試しても何も変わらず、ずっとモヤモヤを抱えて生きていた頃の私は、非認知能力が低い状態だったのです。

そんな私が5年前に非認知能力について本を書いたときは（『世界最高の子育て』〔ダイヤモンド社〕、『「非認知能力」の育て方』〔小学館〕）、言葉そのものがまだほとんど知られていませんでした。それが今では、*教育界のバズワードとなっています。

この非認知能力を身につけることで生まれるのは、一言でいうと、

「自分を知り、自分という存在を無条件に認め、価値を見出し、大切にする。

＊欧米では、特に非認知能力を育む教育が進んでいて、アメリカでは全米の公立校で採用されています。そこでは「社会情緒的教育」（SEL：Social Emotional Learning）と呼ばれ、自己認知・自己管理・社会認知・対人関係・責任ある意思決定の5つの分野に沿って育まれています。

自分の感情や行動をコントロールし、他者の立場に立って考える力を育む。そして、多様なバックグラウンドを持つ人たちと良好な関係を築く術を学び、社会に役立つ一員としての意思決定や自分の能力を客観的・現実的に見て判断し行動する」

そんな自分です。これって、すべての大人にとっても必要なことですよね。

なぜ非認知能力を身につけると、明日さえ何があるかわからない激変の時代で、どんなときも道を切り拓いていけるようになるのか、その理由がわかっていただけたかと思います。

本書では、これらの武器を効果的に身につけるための質問と行動（スキル）をたくさん紹介していきます。

古い武器で育ってしまった非認知能力が低い自分と、非認知能力を高めた自分とでは、見える世界がまったく変わってきますので、楽しみにしていてくださいね。

本書の使い方

本書ではまず、自分らしいキャリア構築を邪魔する自分の思考と行動のくせを見つけることから始め、それを機能する習慣に書き換えていきます。その方法について、順を追って説明していきます。

「第1の武器」から「第5の武器」までは、どこから読みはじめても大丈夫です。自分に必要だと思うところから始めてくださいね。

もうすでに身につけていると思える武器については飛ばしてもOK。私がそうだったように、「全部必要」な場合は1から5の順番で進めるのが一番良いと思います。

「第6の武器」は全員必修です。

各章に質問と行動（スキル）がたくさんありますが、これも自分に必要だと思うもの、やってみたいと思うものだけで大丈夫です。

自分がやりたいと思うものを繰り返しやることの方が、全部をサラッとやるよりもずっと効果的だからです。各章1つの行動を選んで、まずは3週間実践する――そんな感覚で始めてくださいね。

私からの質問には、答えを考えながら読んでいってください。ワークシートがあるものは、ぜひ書き込んでみてください。

そして、決して「第7の武器」から始めないこと。通常のキャリア構築本はここから入って、ここだけで終わる。だから結果が出ないのです。

その方法を「誰が」使うのか？　大事なのはここです。非認知能力という新しい武器を身につけてはじめて、新しい方法を実践する。だから、自分が求める結果を出していけるのです。

この順番がとても大事なので、くれぐれも間違えないでくださいね。

本書の紙上コーチングでは、思考と行動の書き換えをして非認知能力を高め（第1から第6の武器）、最後に新習慣を身につけた新しい自分が方法論を実践していきます（第7

の武器）。

この順番で、ぜひとも自分が最高に幸せを感じるキャリア構築をしていきましょう！

結果を出すコーチングの4ステップ

ここで、結果を出すコーチングのステップをご紹介します。

私が主宰しているBYBSコーチングでは、「こうなりたい自分」という目標を達成するために、次の4つのステップを踏みます。

本書の各章は、この「気づき→肯定→決断→行動」の4ステップに沿って書かれています。

ステップ1：気づき
機能しない思考のくせがあることを知る

▼

ステップ2：肯定
そんな自分を否定せずに受け入れる

▼

ステップ3：決断
思考の新習慣を身につけると決める

▼

ステップ4：行動
BYBSスキルの実践

STEP❶「気づき」

質問に答えることで、自分らしいキャリア構築を妨げる思考のくせに気づく。

STEP❷「肯定」

機能していない思考のくせがある自分を「ダメだ」と否定せず、「そういう自分も自分」と肯定する。

STEP❸「決断」

求める結果を決める（思考の新習慣を身につけると決める）。

STEP❹「行動」

その決断を可能にする行動（スキル）を選択。実践、習慣化して、思考と習慣を書き換える。

ここで少し、ボーク重子のコーチングを受けたクライアントの声をご紹介しましょう。

- コーチングを受ける3か月前と今とではまったく違う自分がいます。自分にこんな力があったのかという発見が毎日のワクワクにつながっています。
- 自分に対する見方を変えるだけで人生が本当に変わるんだ、とスキルの実践を通して実感しています。
- 3か月コーチングを続けたら、仕事や自分に対する考え方がポジティブな習慣に変わっていました。以前よりもずっと自分に自信を持って行動できるようになっています。
- 目からウロコとはこういうことか！　自分らしい人生を生きたくても躊躇《ちゅうちょ》する私に欠けているのは、「非認知能力」だと気がつきました。「これだ！」という感じです。
- コーチング研修は何度か会社で受けたことがありますが、ボークさんのワークショップは例が非常にわかりやすく、自分に当てはめて考える良い機会となりました。

・頭をものすごい物で叩かれたような衝撃が走りました。「パッションは何？」と聞かれても何も頭に浮かばず、これまで何にも考えないで生きてきたんだと気がつきました。自分の未来を変えようと決めました。

・残りの人生これでいいのかと悩んでいたときに、『非認知能力の育て方』に出会いました。それまでは敷かれた通りの道を進まなければと思ったこともあったけれど、自分で道を選ぶ大切さに気づくことができました。

本書で紹介するボーク重子考案「BYBS行動スキル」とは

私が提案する行動（スキル）は、すべてある2つのことが基本になっています。

それは、コーチングの基本中の基本である「視点を変える」ことと「視点を増やす」ことです。

「今ある自分」という現状と、「こうなりたい自分」というゴールの間にギャップがあるのは、どうしてでしょうか?

それは、「今ある自分」の思考と行動が「こうなりたい自分」になるために機能していないからです。もしそれが機能していれば、あなたはとっくに「こうなりたい自分」を実現しているはず。

これまでどおりにやっていて結果が出ないのだから、「これまでどおり」を変える必要があります。

そこで実践するのがスキルですが、結果を出すスキルに必要なのは、物事を別の視点から見ることと、見方を多様化することです。

これまでと同じ視点、同じ見方を続けていても結果は出ません。「視点を変える」ことと「視点を増やす」ことが必要なのです。

視点を変える──「リフレーミング」

私たちは、ある一点から物事を認識することに慣れています。でも、別の角度から見たら同じものでも全然違って見えてきます。これを「リフレーミング」（視点を変える）といいます。

このリフレーミングは、人生を変えるほどのスキルです。最も有名なリフレーミングは「コップの水」の実験でしょう。

ここに、半分水の入ったコップがあります。あなたはこれを「半分しか入っていない」と認識しますか？

それとも、「半分も入っている」と認識しますか？

「半分しか」と思えば、なんだか損した気持ちになりますが、「半分も」と思うとなんとなく満たされた気がしてきます。物事をどの視点で見るかによって、これほど感じ方に大きな違いが出ます。

同じことをあえて違った視点から見ることで、これまで見えなかった人生の可能性と選択肢が見えてくるのです。

視点を増やす

ここでちょっと実験をしてみましょう。これから10秒数えるので、その間にあなたの部屋に黄色のものがいくつあるか数えてください。

はい、10秒経ちました。

では、問題です。

青色のものはいくつありましたか？

黄色と言われたのだから数えたのは黄色で、青には目も向けませんでしたよね。

そうなのです。私たちの周りにはいろんな色があふれています。でも、黄色を見るように自分に言ったから、黄色しか見えなくなっている。そうやって、人生の可能性と選択肢を自ら狭めてしまうのです。

ですが、心をオープンにして眺めてみれば、まったく違った世界が見えてきます。

視点を変える、視点を増やす——ぜひ、この２つをベースにしたスキルを実践して、目標を達成していきましょう。

時間をかけるからこそ習慣になる

新しい習慣が身につくには、頭で考えてできるようになるまで最低でも3週間、考えずともできるようになるには3か月かかるといわれます。

ですから、あせらずじっくりと自分に向き合っていきましょう。

すぐに結果を出すことも素晴らしいでしょうが、時間をかけるからこそ1回限りの結果が習慣となっていきます。

たとえば、ダイエット。2日間絶食すれば2kg落とすことは可能でも、自分は何も変わっていないから、すぐにリバウンドしてしまう。そして、リバウンドしたことに落ち込み、また絶食を試す。そうして1回限り、を繰り返すのです。

ですが、3か月かけて2kg落としたとします。ゆっくりではありますが、食生活の改善と生活習慣を改善して落とした2kgはリバウンドしにくいものです。

たとえリバウンドしたとしても、元に戻す術を身につけていますから恐れることはありません。自分の中に深く根づいた習慣だからこそ、どんなときも自分をゴールに連れていけます。

思考のくせの書き換えに最も有効なのは魔法ではありません。
それは、確実にスキルを実践するあなたという存在です。

繰り返しのスキルの実践というプロセスが、「どんなときも道を切り拓いていく自分」という存在をつくり上げます。暗闇が襲ってきたときに、光を照らす自分という存在に育て上げるのです。

ではここから、自分らしいキャリア構築のために「7つの武器」を身につけていきましょう。

OK, let's do it together!

序章のまとめ

■自分らしいキャリア構築のための武器「非認知能力」を身につける

■コーチングはスキル（行動）ベースだから結果が出る

■コーチングスキルの基本は「視点を変える」「視点を増やす」

■コーチングは「気づき→肯定→決断→行動」の4ステップで進む

■時間をかけるからこそ習慣になる

第1の武器

「自己肯定感」

ポジティブ思考を身につけ、ありのままの自分を受け入れる

「良い子」の呪縛

自分を肯定することが難しいのは、「良い子の型」に自分をはめることを学んできたからかもしれません。

テストで悪い点を取ったり、ほかの子よりもできなかったりすると、「良い子の型」から外れて親を失望させたと思うからこそ、できない自分はダメだと否定してしまいます。

そして、自分よりもできる人は必ずいつもどこかにいます。

こんな声かけに心当たりはありませんか？

- どうしてできないのだろう？
- 自分はダメだなあ
- どうせ無理
- また失敗するかも

・自分なんてどうってことない

こんな言葉がつい出てきてしまうのは、自分という個性を肯定せずにきてしまったからこそ、大切だと思えなかったからこそでしょう。そして、どんどん「ダメな自分」になっていく。これでは、嵐が吹いたら心がぽきっと折れてしまいます。

ここで、**折れない心の新習慣、第1の武器「自己肯定感」**を身につけましょう。

すべては自己を肯定することからはじまる

私はどうしてあれほど「自分はダメだ」と思っていたのだろう。もし今、35歳ごろまでの自分に声をかけてあげられるとしたら、「そのままでいいんだよ」って言ってあげたいです。

確かに私の周りにはうらやましくなるくらいキラキラした人がいっぱいいたし、何でも手にしている人もいました。それに比べて私にはキャリアと言えるものもなく、人脈も経験もお金もなかった。そして、「自分ってダメだなあ」という思いを抱えて生きていました。

だけど、何もない私はそれだけで価値のない人間だったのでしょうか？　そんなことないと、今なら言えます。私がそう感じていたのは、私の思考に問題があったからです。

私の問題は「何もない」ことではなく、「自分であること」「自分という存在」を認めることができないことでした。

どんなときも道を切り拓く自分となってキャリアを築いていくには、まず自己を肯定することが必須です。

だって、否定された存在からは何も生まれないから。

「ダメだなあ」と自分を低く評価する思考のくせに向き合い、「自己肯定感」を高め、何があっても「自分を大切にする」第1の武器の新習慣を身につけていきましょう。

「でも……」と思う気持ち、すっごくよくわかります。私も「できるのかな、私に」と不安でしたから。そんなダメダメだった私も、スキルを実践することで自己肯定感を高めることができました。

だから、大丈夫！　あなたはきっと自分を肯定する新習慣を身につけることができます。

だって、あなたは本当は自分のことが大好きなのだから。大切にしてあげたいのだから。

POINT!　リフレーミング（視点を変える）でポジティブ思考の新習慣を取り入れ、自己肯定感を高める

□基本のリフレーム

ネガティブにフォーカス

▼

リフレーム

▼

ポジティブにフォーカス

なぜ自己肯定感を高めることが重要なのか

自己肯定感*の高い人の特徴としては、次のようなものがあります。

- 主体的に行動する
- 立ち直りが早い
- 良好な人間関係を築ける
- ポジティブ
- 失敗を恐れない
- 他者と自分を比較して落ち込むことが少ない

こんな特徴のある人なら、どんなときも道を切り拓き、自分らしいキャリア構築ができそうですよね。

私は、**自己肯定感は非認知能力の要**だと考えています。なぜなら、すべては自分を大切にしてあるがままの自分に価値を認めることからはじまるからです。

だからこそ、これが第1に身につけるべき武器なのです。いわば最強の武器！

健康な自己肯定感が育っていなければ、主体的に取り組むことも、失敗を恐れずに挑戦することも難しいでしょう。それでは前に進むことはできません。

しかし残念なことに、**歳を重ねるとともに自己肯定感が低くなる傾向にある**ともいわれています。

＊自己肯定感の定義は、「自尊感情」（self esteem　セルフ・エスティーム）と同義で使われていたり、もっと広義で使われていたりと、心理学や学校教育、カウンセリングといった専門分野によって言葉の意味や使い方が異なっているのが現状です。セルフ・エスティーム研究の先駆者、モーリス・ローゼンバーグ博士の研究では、自尊感情には「自分はとても良い」「自分はこれでいい」という2つの異なった側面があるとしています。
他者との比較での「とても良い」ではなく、「〇〇ができるから」という条件つきで自分を認める感覚でもありません。無条件に「自分はとても良い」「自分はこれでいい」と捉えられる感情だとしています。
ですから、ここでは自己肯定感を広義に捉えるのではなく、そもそもの英語「セルフ・エスティーム」の意味に最も近い考え方である自尊感情（自分をありのままに受け入れ、無条件に価値を認める）を自己肯定感とします。

日本人の低い自己肯定感

ここで少し、日本人の自己肯定感に関する気になる数字についてお話ししたいと思います。

2014年に内閣府が実施した日本を含めた7か国（ドイツ、フランス、イギリス、アメリカ、スウェーデン、韓国）の満13歳から29歳の若者7431人を対象とした意識調査で、日本は「自分に誇りを持っているか」「自分に長所はあるか」「自分に満足しているか」などの質問すべてで平均を下回る回答結果が出ました。

調査は、「日本の子どもや若者の『自己肯定感』は年齢が上がるにつれて低くなり、平和で豊かな日本にいながら、多くの不安を抱え、自信がなく、将来への希望を持てずにつまらない、やる気が出ないと感じている若者の割合が増えている」と結論づけています。

独立行政法人・国立青少年教育振興機構が行った国際比較調査でも、日本の高校生の自己肯定感は最低だという結果が出ています。しかも、年齢を重ねるごとに低くなっていくということです。

加えて、２０２０年にユニセフが発表した幸福度調査の結果では、日本の子どもたちの精神的幸福度は38か国中37位とワースト２位になっています。

自己肯定感を低くする原因には、何かができなかったという経験のほか、褒められる経験が少なかった、話を聞いてもらえなかった、ダメなところばかり指摘された、という経験も関係してくると言われます。

このまま大人になっても、自己肯定感も低いままだということは容易に想像できます。そして、低い自己肯定感で人生を切り拓いていくのは簡単なことではありません。

ですから、もしこの思考のくせがあなたにあるとしたら、原因を突き止めて一緒に書き換えていきましょう。

でも、安心してね。そんな思考のくせに陥っているとしても、それはあなただけではないから。実際、そんな思考のくせを持つ人は大勢います。

多かれ少なかれ、みんなそんなくせがあるんじゃないか、というくらい。

いい人になろうとするあまり、できない自分を過小評価してしまう以外にも、自己肯定感を下げてしまう原因はあります。それは「ネガティブ・バイアス」と呼ばれるものです。

自己肯定感を下げる要因①▼ネガティブ・バイアス
——人はネガティブ思考に陥りがちな脳の性質を持つ

「今日の服、なんか変だね」なんて言われただけで、一日中気になることってありませんか？

失敗した経験に、何年も心を苦しめられることもありますよね。褒められたことや良かったことはすぐに忘れちゃったりするのに……。

それって、私たちの心が弱いからでしょうか？

いいえ、それは違います。実はそれには、**脳の性質**が関係しているのです。

私たちは1日に実に6万もの思考をすると言われます。そのうち、なんと8割がネガティブなものだそうです。だから、どうしてもネガティブなことに心を引っ張られがちなのです。

こう聞くと、なんだかちょっとホッとしますよね。

これを「ネガティブ・バイアス」といいます。なんだか聞いただけで良くない感じがしますが、実は人間にとって必要なものでもあるのです。

ネガティブ・バイアスは、原始時代の名残りともいわれています。今とは比べものにならないほど生命の危険に囲まれていた原始時代では、生き残るために脳は脅威を敏感に察知することが必要でした。用心深く、何かあればすぐに攻撃をかわしたり逃げたりできるように準備しておかなければ生き残れなかったからです。

現代はそこまで危険を察知しようとしなくても生きていけるほど安全な環境になりましたが、脳にはまだその習性が残っているのですね。

□ネガティブ・バイアスで、できなかった経験や失敗が強烈に心に焼きつく

私たちには成長するにつれてできなかったこと、間違えたこと、失望したことなどネガティブな経験が増えていきます。それらは、ネガティブ・バイアスによって強く記憶に残っていきます。

逆に、成功した経験は忘れたり見逃したりしているので、どんどん「ダメな自分」ができ上がっていき、自分に対するネガティブな見方が生まれるのです。こうして自分を肯定できなくなり、「自分はダメだ」と自己否定へ向かっていってしまいます。

自己肯定感を下げる要因② ▼ 比較

そしてもう1つ、私たちの自己肯定感を下げるものに比較があります。

「比較しちゃいけない！」とわかっていても、思わずしてしまいますよね。しかも、SN

Sの時代には比較はいとも簡単に、しかも広範囲にわたってすることができます。

あっちを見てもこっちを見てもキラキラにあふれる世界では、つい「あの人に比べて私は……」と感じてしまいます。

そうすると、自己肯定感はダダッと下がっていくのです。もしかして、**私たちの自己肯定感を一番下げているのはこの比較かもしれません。**

でも、思わず比較してしまう*のは私たちの心が弱いからではなく、本能なのです。

「比較はいけない」と思えば思うほど、「自分はダメだなあ」と思ってしまいますよね。そうしてますます落ち込んでしまう。でも、もうそんな「自分いじめ」から自分を解放してあげようね。

比較するのは本能とはいえ、大丈夫。**比較をやめるかわりに、コントロールすればいいのです。**のちほど、そのスキルをご紹介しますね。

＊社会心理学者のレオン・フェスティンガーは、1954年に「人が自分と他者を比較するのは本能である」という社会的比較理論を提唱しました。私たちは自分の容姿や能力、そして持っているものなど、他者と比較して自分の社会での位置を確認しようとするのだそうです。

余談ですが、私は日本文化に根づいている「謙遜」も自己肯定感を下げる原因になっているのではないかと感じます。

だって、せっかく褒められても自ら「いいえ、そんなことないです」なんて言ってしまうのですから。言葉には意味があるから、本当に「大したことない自分」の気がしてきてしまいます。

ですから、私は個人的に謙遜はしません。かわりに「ありがとう」と感謝して、相手も褒めることにしています。これだとWin-Winで、お互いに自己肯定感を高め合えますよね。

自己肯定感を高めるとは、高すぎるプライドや傲慢・自惚れとは違う

ローゼンバーグ博士は、「高い自尊心の持ち主とは、プライドが高すぎることや他者を軽蔑する感覚とは違う」と言っています。

自分をしっかりと認めてあげるとは、自分をありのままに受け入れること。自分という現実を無視したり、自分をよく見せようとしたり、マウントを取ろうとしたりすることとは違うのです。

「第1の武器」の習得法

ここでは、自己肯定感を下げる大きな要因を中心に、3つの質問をします。そこからコーチングの4ステップを使って、思考のくせを書き換えるスキルを実践していきます。どれを選ぶかは、どの質問があなたの心に刺さるかで決めてくださいね。もし全部ならいっぺんに3つのスキルを実践するのではなく、優先順位を決めて1つずつ実践していってください。

コーチング開始

さあ、ここからが本番です。これからコーチングの4つのステップを通して、自分らしいキャリア構築のために、「自分を止める思考のくせ」を「機能する思考の新習慣」に書き換えていきましょう!

私からの質問には、答えを考えながら読んでいってください。ワークシートがあるものは、ぜひ書き込んでみてね。

ステップ1：気づき
機能しない思考のくせがあることを知る

▼

ステップ2：肯定
そんな自分を否定せずに受け入れる

▼

ステップ3：決断
思考の新習慣を身につけると決める

▼

ステップ4：行動
BYBSスキルの実践

質問 1

あなたには良いところ、誇れるところが本当にないのでしょうか？

POINT ❗ 足りないところ探しのかわりに、「満ちているところ」探し

ネガティブ・バイアスのせいで、どうしてもダメなところに目が行きがちです。これからは、あえてポジティブなところに目を向けていきましょう。

STEP ❶ 気づき ▼ いつも足りないところばかりに目を向けていたかも

質問されるまで、自分の足りないところばかりを見ていたのではないですか？

STEP ❷ 肯定 ▼ 良いところなんてないと思っている自分も自分

そんな自分を受け入れます。決して否定しない。

STEP❸決断▼良いところに目を向けて、良いところのある自分を評価しよう

足りない・まだダメだ
▼
リフレーム
▼
満ちているところもある

これからは、自分の良いところに目を向ける習慣を身につけて、「自分の良いところもちゃんと評価してあげられるようにしよう」と決めます。

STEP❹行動▼自分の「ポジティブ財産の可視化」で、良いところにフォーカスする

ポジティブ探しのプロになるために大事なのは、どんな小さな良いことでも見逃さないことです。

私たちには、「良いことはＢＩＧなことじゃないとダメ」という先入観があります。だからこそ、たくさんある自分のポジティブな面を見逃してしまうのです（悪いことならどんなに小さなことでも見逃さないのにね）。

ですから、「ポジティブ」に対するハードルをぐんと下げます。

「今日、○○さんにありがとうと言われた」ことだって、立派なポジティブ財産です。

私は毎日インスタグラムで「今日のハピネス」を記録していますが、毎日小さなハピネスが本当にいーっぱいあります。素敵な本を見つけたとか、思いがけずお天気になったとか。

最初は、「こんな小さなことでいいのかな？」と思うかもしれませんが、確実に私たちを前に進めてくれる原動力となります。

ぜひとも、たくさんのポジティブな資質に囲まれている自分を実感してください。同時に、**どれだけ自分は自分の良いところを忘れていたか、見逃していたかにも気づいてください**ね。

そうやって訓練するうちに、自分のポジティブな面に目を向けることが習慣となっていきます。

そうすると、思考は自然とポジティブな方向に向かいます。それだけじゃなくて、他者の良いところにも目が向くようになります。

足りないところではなく、満ちているところに目を向けると、まったく違った自分や他者が見えてくるのです。

ワークシート▼ポジティブ財産の可視化

自分の中のポジティブな面を見つけ、思考もポジティブにする訓練は、次のページの「ポジティブ財産の可視化」ワークシートを使って行います。これまでの人生で起こったことを思い出しながら、ワークシートを埋めていってください。

ここで挙げたことが、あなたの「ポジティブ財産」になります。ぜひ書き出すことで「見える化」しておきましょう。あなたはこれだけの素晴らしい財産を持っているのですから。

「よくやった!」と自分を褒めてあげたいのはどんなこと?

困難に直面しても、あきらめずにやり抜いたのはどんなこと?　どうやって乗り越えた?

人生で一番楽しかった思い出は?

これまで学校や職場や趣味で学んできたのはどんなこと?

得意・特技・長所と思えることは何?　これなら負けないと思うことは何?

自然と笑顔になるのは何をしているとき?　ごはんを食べるのも忘れるくらい熱中したのはどんなこと?

自分を応援してくれる人は誰?

自分の好きなところはどこ?

質問 2

誰かに褒められたり、認められたりするから、自分に価値があるのでしょうか？

POINT！ **良い子だから価値があるのではなく、そのままの自分に価値がある**

私たちは、何かができたり褒められたりする良い子じゃないと価値がないのでしょうか？

いいえ、今ここにこうして存在することにこそ価値があるのです。

もしあなたが親だとしたら、思い出してください。子どもが生まれた瞬間に、あなたは何を思いましたか？　「生まれてきてくれてありがとう」、そんな感情ではないでしょうか？　ただその事実に感謝したのではないでしょうか。

ですが、子どもが大きくなるにつれて、「こうなってほしい」「もっとああしてほしい」とあらゆる期待と希望を持ちはじめ、生まれてきてくれた瞬間の気持ちはすっかり忘れて、「もっともっと」と願うのです。こうして、どんどん条件つきの存在価値を押しつけてしまう。

こう考えると、今日もそこに存在してくれているというだけで十分だと思えてきませんか？

自分という存在も一緒です。今日も生きている自分。それだけで十分すごいことなのです。

STEP❶ 気づき ▼「良い子＝価値がある」じゃない

生きているって、「当たり前」のことではありません。私たちはありとあらゆる偶然と幸運が重なって生かされています。だから、存在するだけで素晴らしいのです。

STEP❷ 肯定 ▼ 褒められたり、認められたりしない自分でいい

失敗しても、あなたの存在価値に変わりはありません。失敗したという事実があるだけです。失敗＝存在価値がない、のではありません。

成功しても、あなたの存在価値が上がるわけではありません。失敗したときのあなたと同じように、唯一無二の素晴らしい存在であるだけです。

STEP ③ 決断 ▼ 自分という存在の評価を他者や何かにゆだねない

良い子だから価値がある

▼

リフレーム

▼

無条件に自分には価値がある

誰かに褒められたときに自己肯定感が上がり、批判されたら下がるのは、自己肯定感のコントロールを他者にゆだねている状態です。

そのような状態に自分を置くのは、もうやめましょう。自分の存在価値は自分のコントロールのもとに置きます。何があっても手放してはいけません。

STEP ④ 行動 ▼ 「セルフ・コンパッション」で自分を慈しむ

自分という大切な存在を一番大事にできるのは自分です。ここでは、自分に無条件に価値を認めるために、「セルフ・コンパッション」[*]のスキルをご紹介します。

セルフ・コンパッションとは、自分を慈しむこと（自分への思いやり）。良いことがあってもダメなことがあっても、そこにいるのは大切な自分。それに変わりはありません。

ここでは、自分への思いやりを習慣化することで自己肯定感を上げていきます。なお、セルフ・コンパッションのスキルが高いと幸福感が高いことが明らかにされています。

□自分への優しさにフォーカス

することはたった1つ。寝る前に、今日の自分にいたわりや感謝の言葉をかけるだけ。1分もかかりません。

＊セルフ・コンパッション（自分への思いやり）を概念化したアメリカの心理学者、クリスティン・ネフ博士の定義によれば、セルフ・コンパッションは「自分への優しさ」「共通の人間性」「マインドフルネス」の3つの要素で構成されているとしています。「自分への優しさ」とは、文字どおり自分に優しく接すること。そして「大切に思っているよ」とのメッセージを伝えることです。ここでは、セルフ・コンパッションの中でも「自分への優しさ」にフォーカスします。

たとえば私は、毎日寝る前に「今日もがんばったね」と声をかけています。このたった一言が私の心を優しく温かく包んでくれます。

この習慣は、自分を前に進める大きな原動力となります。なぜなら、自分が愛おしく感じられるようになるからです。そんな自分と一緒なら、どんなときも前向きになれて生きるのが楽しくなりますよね。

行動のモニタリングはスキルの実践をより効果的にしますから、自分に思いやりのある声かけをした後は必ずノートにチェックマークをつけましょう。「セルフ・コンパッションな声かけ」のチェックが1週間で7個、1年続ければ365個も集まります。自分を大切にしていることが一目瞭然です。

セルフ・コンパッションな声かけは、慣れていなければ照れくさいし、なかなか難しかったりもしますので、私の実際の声かけの例以外にもとっても簡単にできる方法を共有します。

それは、まるで自分の親友に語りかけるように自分に話しかけることです。

失敗した親友に、「どうして失敗したの！　だめだね」なんて話しかけませんよね。心から相手を思って、「そういうこともあるよ。でも大丈夫。きっとなんとかなるよ」と相手を思いやる声かけをしませんか？

それと同じことを自分にすればいいのです。

「今日はこんなところが素敵だったよ」「今日もがんばったね」「今日は疲れたね。いっぱい寝よう」という感じで。ただそれだけでＯＫです。

質問 3
誰かと自分を比べて落ち込むことはありませんか？

POINT！ 比較をやめるのではなく、自分のコントロール下に置く

比較は人の常。やめようとしてもやめられない。だったら、コントロールすればいいのです。

私たちは目に見えることで比較します。実は、そこが問題。だって、人は自分の弱みを見せないし、キラキラの裏は見えません。逆に、自分は自分の弱みをよく知っています。だから、私たちが自分と他者を比較するときは、往々にして自分の弱みと相手の強みを比較しがちなのです。

これでは決して勝てない勝負ですよね。わざわざ負け戦に挑むようなものだとは思いませんか？

STEP❶ 気づき ▼ 落ち込んでいたのは比較のせいだったのかも

毎日、いろんなところに比較の機会があふれています。そうして比較するたびに落ち込んでしまう。なんだか落ち込んでいるときって、キラキラしている誰かと自分を比較して「自分はダメだなあ」なんて感じているときでもありますよね。

でも、比較は本能！　そう知ると、ちょっとホッとします。だって、自分がネガティブで嫉妬深いから比較に走るのではないのですから。

STEP❷ 肯定 ▼ 比較して落ち込んだり、「勝った」と思う自分も自分

比較は人の常だからこそ、「比較しない」「比較をやめる」のはハードルが高い。結局、比較してしまって、「あー、またやってしまった」となってしまいます。

大切なのは、比較する自分を否定せず、そんな自分も受け入れてあげて、その後どうするかです。

STEP ③ 決断 ▼ 比較の犠牲者になるのではなく、比較を自分の成長に使おう

比較は悪
▼
リフレーム
▼
比較を自分の成長に使う

比較を利用して自分を成長させていけばいい、と決めます。

STEP ④ 行動 ▼「モデリング」で、比較を建設的に使う「トリガーロールモデル作戦」スキル

ここでは、唯一効果的と思われる他者と自分との比較、「上方比較」を建設的に使うスキルを実践し、比較を自分の成長のために使うようにします。

比較に使うエネルギーはすごい量です。それをポジティブに使うことができたら、エネルギーの無駄遣いどころか、最高のエネルギーの使い方になりますよね。これこそ、まさにポジティブ思考です。

ここでは、比較をポジティブに使うために「モデリング理論」＊を応用します。

□「上方比較」をポジティブに使う

私たちは、どんなときに最も比較に走りやすいのでしょうか？　それは、自分が欲しいものを手にしている人を見たときではありませんか？

そんなとき、ジェラシーを感じるなというのは難しい……。そこで、ジェラシーにエネルギーを無駄使いするかわりに、それを自分の成長のために使います。

私が主宰するＢＹＢＳコーチングが提供する「非認知能力を育む子育てコーチング３か月チャレンジ」では、これを「トリガーロールモデル作戦」と呼んでいます。トリガーとは自分を比較に走らせる人のことです。

＊モデリング理論（社会的学習理論）
モデリング理論とは、「人は他者の行動を観察し、それを真似することで学習できる」というもので、自己効力感でも有名なアルバート・バンデューラ博士が提唱したものです。

この理論で有名なのが１９６０年代に行われた実験です。

「ボボ人形の実験」と呼ばれるものですが、子どもたちにボボ人形を攻撃する大人の姿を見せたら、子どもたちもボボ人形に攻撃的な態度を取り、ボボ人形を攻撃しない大人を見た子どもたちには攻撃的態度はあまり見られなかったというものです。

そこから私たちは行動だけではなく、代理体験からも学習することができるという理論が確立されました。

非認知能力を育む教育においても、モデリング理論は非常に重要です。高い非認知能力の手本となる存在を見て、子どもは真似することで効果的に非認知能力を育んでいくとしています。

ちなみに、自分の欲しいものが文字どおり「モノ」であった場合、それは単なるないものねだりで終わってしまいます。本書の目的は、どんなときも道を切り拓ける自分になって、理想のキャリアを構築することですから、ここでは自分の欲しいものをキャリア・生き方に限定して説明していきましょう。

以下のステップに沿って、モデリングによる建設的な上方比較を身につけましょう。

❶比較する対象を選ぶ

- 自分がポジティブな感情を抱ける人
- 憧れる人
- こうなりたいと思う人

⬇

❷観察する

- なぜこの人は評価されるのか？
- ここに至るまでのプロセスは？

・自分との違いは何か？

モデリングの本懐です。しっかりと観察しましょう。調べてみましょう。もし身近な人なら、話を聞いてみましょう。自己肯定感の高い人ならきっと話してくれるはず。いろんなアドバイスもしてくれることでしょう。

自己肯定感の低い人は、「どうして知りたいんだろう」と疑心暗鬼になったりもします。そんなときは、別の対象を選びましょう。

⬅

❸真似できることを見つけて実践する

・小さくて、今すぐできそうなことを見つける
・いきなり同じ結果を求めない

せっかく自分よりも優れた人と自分を比較しても、それによって「あー、自分はやっぱりダメだ」となるのでは本末転倒。そうならないためには、今すぐできそうな小さなことを見つけることです。

そしてすぐに結果を求めず、プロセスを楽しむこと。そのプロセスを踏むからこそ、自分の中に深い根を張って結果につながるのですから。

憧れの人を見たとき、私たちはその結果しか見ていません。ですが、その人にも踏んできたプロセスがあります。

それがいったい何なのだろうと考えながらリサーチすると、ワクワクしてきます。できそうな気もしてきます。

比較もこんなふうに使えば、ポジティブに活用できるのです。

第1の武器のまとめ

■人はネガティブ思考に陥りがちな脳の性質を持っている

■自己肯定感を下げる要因には、ネガティブ・バイアスや比較がある

■自分に対する見方がネガティブだと自己肯定感が下がり、できることもできなくなる

■自己肯定感はスキルによって、いつからでも誰でも高めることができる

■自己肯定感を高めるとは、高すぎるプライドや傲慢・自惚れとは別物

第2の武器

「自分軸」

「他人軸の自分」から卒業して、人生の主導権を握る

「みんなと同じ」という呪縛

「出る杭は打たれる」って、強烈に私たちを縛る言葉だと思っています。同じであることが素晴らしく、目立つことは悪目立ちはもちろん、秀でているのも良くない。「空気を読む」って時に大切なこともあるでしょうが、結局は自分の気持ちには関係なく大多数に右ならえをすることです。

そこでは、自分の意見や自分の決定よりも、「みんな」の意見や決定が優先されます。でも、「みんな」っていったい誰なのでしょうか？　世間？　周りの人？

そうやって私たちは「違わないように」するために、周りの人の目や意見を気にして生きるようになっていく。それが「他人軸」の人生です。

自分の意見のかわりに誰かの正解に従い、自分で決めるかわりに誰かの指示に従う。他人軸の人生は指示待ちの人生。そこに幸せはあるのでしょうか？　自分という存在はいるのでしょうか？

1本だと思っていた道が突然5本に枝分かれしたとき、他人軸の人は立ち往生します。指示を出してくれる人が来るまで、ただじっと、ぼーっと待つことになります。

こんな混沌《こんとん》とした時代に指示を出してくれる人など、もういないのに……。

ここでは、第2の武器、「自分軸」を手に入れて、自分の人生の主導権を握っていきます。


POINT！「自己主張・自己決定」を新習慣にして、人生の主導権を握る

人は本来、自分で自分をコントロールしたい

幸せの研究で有名なアメリカの心理学者ダニエル・ギルバート博士は、「コントロールすること自体が人間にとっては心地よい」「コントロールによって手に入る未来ではなく、

コントロールすること自体が心地よい。これは、人間の脳に生まれつき備わった基本的な欲求の一つだ」と言っています。

つまり、人は命令を聞くよりも、自分の意思で行動することに喜びを見出すのです。

本来、私たちは「自分軸」で生きるようになっているのですね。でも、自分を振り返ってみて「ちょっと違うなあ」と感じることはありませんか?

ここで、他人軸と自分軸で生きる人の違いを見てみましょう。

他人軸で生きる人

- 周りの人の顔色をうかがってビクビク
- 空気を読んでばかりで、自分を見失う
- 自分の意見を持てない
- 「何が正解か?」が判断基準
- 口癖:〜〜すべき

自分軸で生きる人

- 自分の判断基準に従って生きる
- 自分、そして他人の価値観を尊重する
- 自分の意見と行動に責任を持つ
- 「自分は何が好きか? 自分にとって大切なのは何か?」が判断基準
- 口癖:〜〜したい

他人軸で生きる人の特徴は、まるでアメリカ移住当時の私を見ているようです。「～したい」のかわりに「～すべき」が口癖で、やりたいことがあっても「それって正解かな?」と周りを気にして、いつも他人の目や評価を気にしていました。

洋服ひとつとっても、自分が着たいものを着られませんでした。コンサバな娘の幼稚園のママたちに何か言われるのが怖くて、現代アート感満載だったロンドン時代の服は全部捨ててしまったくらいです。

他人軸の人生はクラゲの人生

あの当時の私は「クラゲの人生」を生きていたと言えます。クラゲは泳げません。潮の流れに乗ってプカプカと流されていくだけ。行き先を決めるのは潮ですから、どこにたどり着くかはすべて潮次第。

まさにそれは、他人軸の人生。自分の意志がない（泳げない）から、ただ流れにまかせて生きていく。自分の人生の主導権を手放した状態です。

それでも生きてはいけますが、それはあなたが欲しい人生ですか？

誰かに決めてもらえるから安心なのでしょうか？　もしその人が間違っていたら、その人はあなたの人生に責任を取ってくれるのでしょうか？　軌道修正をしてくれるのでしょうか？

人は自分を守るので精一杯です。あなたのことは二の次、三の次。

自分の人生に責任を取れるのは自分だけです。なぜなら、その人生を生きるのはほかの誰でもない自分だからです。だからこそ、自分の意見を持ち、言うべきときには主張して、自分にとって何が最適かを選び、責任を持って生きていく術を身につける必要があります。

確かに、自分の状況が変わることもあるでしょう。ですが、この術を身につけていれば、たとえ何があったとしても、自分を守っていくことができます。

突然、道が1本から5本に枝分かれしても、自分はどうしたいのかを主張し、自分で行動を選ぶことができます。

そんな武器を手に入れるために、ここではこんなリフレームをします。

□ 基本のリフレーム

他人軸の人生は安心

▼

リフレーム

▼

自分軸の人生だからこそ生きがいがある

もし、あなたが当時の私のように「みんなと同じ」に縛られ、「自分ってクラゲだなあ」と感じているとしたら、ぜひとも第2の武器「自分軸」を手に入れて人生の主導権を取り戻しましょう。

そのためには、2つの「しない」を卒業する必要があります。「自己主張しない、自己決定しない」のでは、いつまで経っても他人まかせの「他人軸」の人生を生きることになってしまいますから。

自己主張度・自己決定度をチェックしてみよう

ここでちょっと自分の自己主張度、自己決定度をチェックしてみましょう。

自分がどのくらい他人軸で生きているか、それとも思ったより自分軸なのかを認識するところから始めていきます。

□自己主張度

□手を挙げて意見を言うのが苦手
□意見はあるが、反対意見や批判が怖くて言えない
□人と違ったらどうしようと思うと言えない
□会議が終わったあとで、「言えばよかった」と後悔してしまう
□自分の意見を言う人と一緒にいると、うらやましくなる・居心地が悪くなる
□「わかりません」と言うことが恥ずかしい
□そもそも、自分の意見がない

□自己決定度

□自分で何かを決めることに自信がない
□すぐに「正解」探しをする
□「みんなはどうするんだろう」と思う
□とりあえず様子を見て決める
□責任を取るのが怖い

あなたは、いくつ当てはまりましたか？

全部当てはまったとしても大丈夫。自己主張・自己決定を「しない」「できない」と思うのはあなただけじゃありません。私もそうでしたから。

私の場合は、20代にこれといって自慢できるようなキャリアを築かなかったこと、「出る杭は打たれる」ことへの恐怖で、２つの「しない」に見事に支配されていたのです。

□自己主張というコミュニケーションの形

自己主張って、なんとなく自分の「主張」だけを通そうとする感じがしますよね。だから、我が強い、目立ちたがり、自慢話、などあんまり良いイメージがありません。

でも、自己主張にもいろんな形があります。主なものには、①ディベート、②命令・指示、③討論（ディスカッション）があるでしょう。

❶ディベート

たとえば、何がなんでも自分の主張を通さないといけない場合、それはディベート（弁論）といわれる主張法になるかと思います。

たとえどんなに論理が破綻しようが、自分の主張を曲げない。勝たないといけない。

私たちは往々にして、これが自己主張だと思いがちですが、自己主張の1つのスタイルでしかありません。そして、日常で必要なのはこのディベート型の主張ではないのに、往々にしてこんなふうになりがちです。

お互いが正論をぶつけ合い喧嘩になる。これは単に、そんな主張の仕方しか知らないからです。でもこれだと自己主張のイメージは最悪で、「主張したい」という気持ちは失せてしまいます。

❷命令・指示

これが、私たちが最も慣れている自己主張の形ではないでしょうか？　それも受け手として。

親や先生や上司の主張はいつも正解で、そこに意見するなんてもってのほかです。先生の場合、意見などしたら「反抗するな」「生意気な」と叱られたり、内申点に影響してしまうかもしれません。上司の場合、「楯突くな」という感じで評価が下がってしまうかもしれません。だから、自分の意見は飲み込むようになります。

それが繰り返されることで、だんだん自分の意見そのものがなくなっていく。そうして無難にやり過ごす指示待ち体質ができ上がるのです。

❸討論（ディスカッション）

これは、問題解決や意見交換で最適解を見つけていく方法です。

ここでは「勝つ」ことが重要なのではなく、お互いを尊重し合い、お互いの言い分を肯定しつつ、お互いにとって納得できる最良の答え、またはその問題にとって最適な解決法を一緒に見つけていくコミュニケーション術です。日常会話の多くはこの形態なのではないでしょうか？

お互いがちょっとずつ負けて、ちょっとずつ勝つ。これだと負ける人が出ませんから、自分の意見を言いやすくなりますし、両方ともちょっとずつ勝つので気分がいいです。

そして実は、私たちが最も訓練されていないのがこのコミュニケーションの仕方です。本来はこれが健全な自己主張の形なのですが、学校で教えてくれないし、家でも実践されない。私たちは、本当の意味での自己主張のやり方を知らないともいえます。

だから、私たちが自己主張を苦手と感じるのは当たり前のことなのです。

□あなたがやりがちな自己主張の形はどれ？

私は結婚当初、圧倒的にディベート型と命令・指示型でした。特に子育てに関しては、「私が一番知っているんだから、私の言うようにやって」「なんで言ったようにやってくれないの?」ばかり。だって、これしか知らなかったから。

そうして、ほぼ毎晩のように喧嘩になっていたのです。

ディベートや命令・指示は建設的ではありません。命令・指示は確かに効率は良いかもしれませんが、そこから生まれるのは「指示待ち人間」です。そして、ディベートから生まれるのは言い負かされた方が感じる反感。もしくは、双方の険悪なムードだけです。

夫を言い負かしたときって、すっごく気分がよかったりしたけれど、今から思うとそんなことで勝っても意味はなかったなと思えるのです。

お互いが楽しくなるような、発展性のある自己主張をしたいものですよね。

□なぜ自己主張が必要なのか

自己主張とは、自分の意見を外に向かって発信することですが、私たちが自己主張する機会は日常にあふれています。

単に自分はどう思うかを述べる場合もありますが、仕事でも家庭でも人が共同で暮らしていくなかで自己主張が必要になるのは、「問題解決」が必要なときでしょう。

たとえば、夕飯をどうするか、子どものお稽古の予算をどこから捻出するか、洗濯機を新しくしたいから同意してほしい、プロジェクトが行き詰まっているがどうすればいいと思うか、などすべては問題解決の場面です。

相手の言いなりになることも問題解決の方法ですが、仕事や家庭生活において自分が譲れないことだった場合、それでも自分の言葉を飲み込みますか？（夕飯のメニューくらいならいいかもしれませんが）

そこで、自分の意見を言う必要が出てきますが、思わず躊躇《ちゅうちょ》してしまうという経験はありませんか？　それは先述のように、ディベートや命令・指示という形しか知らないからです。この章の最後で、最も効果的で建設的な自己主張の方法をご紹介しますので、お楽しみに。

□自己主張しないことで感じるストレスもある

自己主張することがストレスになるという考え方もありますが、私は反対に自己を主張できずに意に反して生きたり、自分という人間を勘違いされたまま生きたりする方が、実はストレスになっているのではないかと思います。

「私という人間をわかってほしい」。自己主張しないことのストレスが、実は私が自己主張していこう、やり方を学ぼうと思った大きな理由なのです。

自己主張に関しては、こんなリフレームもできると思っています。これは、私にはとっても効果的なものだったのでご紹介します。

自己主張するストレス

▼

リフレーム

▼

自己主張しないストレス

もしあなたが自己主張をすることにストレスを感じるとしたら、「自己主張しないことで自分を理解してもらえない」ストレスもある、ということも考えてみてくださいね。

□私が自己主張しようと思ったもう1つのきっかけ

自己主張したいなとは思っても、自分にはハードルが高いと思っていた私が変わったのは、娘の通う幼稚園である光景に触れたときでした。

それは、自分の好きなものをクラスに持ってきて発表する「Show and Tell」という授業でのこと。そこでは、どうしてこれが自分にとって大切なのかを発表し、ほかの子どもたちがそれについて自分はどう思うかを発言したり、質問したりするのですが、それが衝撃的だったのです。

だって、4歳の子どもたちがちゃんと自分の意見を言えているのですから。しかも、発言するときや質問するときは、ちゃんとほかの人に配慮しているのです。

自分の意見をズバズバ言ったり、ほかの人をさえぎって我を通したり、否定したり、間違いを正したり、自分の正当性をとうとうと述べたり、という感じではまったくないのです。

「へー、素敵だね」「それってもう少し、こうしたらどうかな」「それは大変だったね、僕にもそんな経験があるよ」「私はあんまり好きじゃないけど、○○ちゃんがどうして好きなのかよくわかった」という感じで、相手を尊重しながら自分の意見はしっかり伝える。

幼稚園児の頃からそのようなコミュニケーション術を身につけるのですから、高校生くらいになると本当にすごい。

先述のようにディスカッションは、対立する意見も含めて最良の答えを見つけるために行うコミュニケーション術ですが、お互いへの配慮とリスペクトが感じられます。だから、声を荒らげて威圧したり、否定や批判に走ったり、喧嘩になったり、気まずくなったりもしません。

私は本当に素晴らしいなと思いました。それで私も、ぜひともそんなコミュニケーション術を学びたいと思ってスピーチの特訓を受けることにしました。

3か月の特訓でしたが、そこで徹底的にトレーニングされたのが「アサーティブ・コミュニケーション」というコミュニケーション術でした。これが最後にご紹介する自己主張法です。

2つの「しない」をやめる②▼自己決定しない

□自己決定感の鍛え方

自分で決めるからこそ、人生を自分でコントロールしている感覚を得ることができます。自分で決めるからこそ、責任を持てます。そうすることで、幸せと満足を感じる人生が構築しやすくなります。

日常でこのような自由選択によって行動し、そこから得られる満足や達成感を感じることができたら、最高に楽しい人生が築けそうですよね。日々の生活がとっても楽しくなります。

「最高に楽しい人生」を手に入れるためには、自分で決める力が大前提です。

この自己決定スキルは、選択のベースとなる自分の意見をつくることとそれに慣れること、人の目を気にしないようにすること、実際に意見に沿って決定し行動することで鍛えていきます。

あえて言うなら、3つ目の「しない」をやめることも必要

□自分軸で生きるためにジェンダーレスな子育てを実践した私が、一つだけ「女の子だからこそ」と言ってきたこと

3つ目の「しない」は、「経済的に自立しない」です。

私は常日頃、女性の経済的自立について講演などでお話ししています。娘を育てているときに、「女の子だから」「男の子だから」というジェンダーに縛られた子育てはしてきませんでしたが、この点に関してだけはジェンダーを使っていました。

なぜなら、男の子は「経済的に自立する」のが当たり前に求められて育っていきますが、女の子の場合はそうではないことが多いからです。

一昔前の女の子は、「良い妻、良い母」になることを教えられて育ちました。それは、「夫に守ってもらう人生」「女性の仕事は家内」というお手本です。

そんな姿を、一世代前のお母さんやおばあさんを通して見て育ちました。そうして、そ

んな生き方は「正解」となって心に焼きついていく。

お金で買えるものには、選択肢と決定権の2つがあると思っています。お金があれば「選択肢」が増え、その中から自分に合ったものや求めるものを「決める」ことができます。

そのお金が自分の裁量で使えるお金だった場合にこそ、私たちは「自分はどうしたいか」を基準に選び取ることができます。

それが「誰かのお金」だった場合は、発生する作業が1つあります。それは、「お伺いを立てる」こと。そう、誰かの許しを得なければならないのです。

ですから、自分軸で生きることを選ぶとき、自分の裁量で使えるお金は鍵ともなる大切な要素です。これからの時代は、自分で自分を養うという経済的自立は女性にとっても必須のこととお話ししています。

「できるかなあ」と不安になる気持ち、私もそうだったからよくわかります。だって、私たちは誰かに「依存」するように育てられたようなものだから。

でも、大丈夫。私たちにはその力が備わっています。

「第2の武器」の習得法

ここであなたは、どんなときも道を切り拓ける自分となって、理想のキャリア構築をするために、第2の武器「自分軸」を身につけます。

ここでは、こんなふうにリフレームしていきます。

人まかせの人生は楽で安全

▼

リフレーム

▼

人まかせの人生は不安、不安定、不自由

質問 4

「間違う」ことは怖いですか？

POINT!

自分の意見を持つことに慣れる。自分の意見はいつだって、自分にとっての正解

意見は事実ではありません。何だってありです。自分の意見は、いつだって自分にとっての正解。だからこそ、自分の意見には自信を持っていい。

誰かの意見は、その誰かにとっての正解でしかない。だから、別に同調も同意も必要ありません。ただ、肯定してあげるだけでいいのです。

STEP ❶ 気づき ▼ **「正解」って、誰かにとっての正解というだけかも**

誰かの意見は、その人の正解というだけ。自分にとっての正解があっていい。

STEP ❷ 肯定 ▼ **間違ったら嫌だなあと思う自分も自分**

思わず「これでいいのかな」と不安になる気持ちや、正解探しをしたくなる気持ちを肯定してあげましょう。

STEP ❸ 決断 ▼ **自分にとっての正解があっていい**

「正解」を見つけないといけない

▼

リフレーム

▼

自分の意見はいつだって自分にとっての正解

人は、自分の意見と誰かの意見が違うとき、いろんなことを言います。それは否定、非難、批判という形をとることもあります。

そうすると、自分は間違っているような気がしてきますよね。それが怖いから、自分の意見を言えなくなってきます。

ですが、意見は事実ではありません。たとえそれが他者にとっては「間違い」であっても、自分にとっては正解なのです。だから「間違う」ことなど、恐れなくていいのです。

STEP④ 行動▼自分の意見に慣れる「What I think」スキル

「正解か間違いか?」とビクビクしたり、「どう思われるかな」と考えないようにするには、自分の意見に慣れることが大切です。

経験を重ねて習慣にすればそれが当たり前になり、怖いことなんてなくなります。それが習慣の強みです。

日常生活のいたるところに転がっている「自分の意見」をまとめる機会を活用しましょう。これから3週間、1日1回、自分の意見を明文化していきます。そして、決断・行動します。

大切なのは、自分の意見と決断について書き出すことです。書き出すことで、振り返ったときに実践のプロセスが可視化され、自分の成長が感じられます。

また、声に出して言うと、自分の選択と決断をより明確に知ることができますのでおすすめです。

	今日の自分の決断と行動	今日の自分の意見、決断、行動で思ったこと
	似たようなネクタイが欲しいな。仕事の帰りに買いに行こう。	買い物が新鮮で、楽しかった。
	明日の自分のプレゼンでは部長の資料を使うように言われているけど、そこにデータを入れたものを使おう。	やればできる。

	今日の自分の意見	
月	(例) 今朝のニュースのアナウンサーのネクタイ、素敵だった。	
火	(例) 昨日の部長のプレゼンはそれほどよくなかったと思う。データが入ってなくてわかりにくかった。	
水		
木		
金		
土		
日		

(例) 難しいことや大きなことでなくてかまいません。ランチのメニューやコンビニで買ったもの、テレビ番組を選んだ理由などから練習していきます。まずはそこからでいいのですが、慣れたら今度はそれに基づいて決断、行動していきましょう。ワークシートはそのようにデザインされています。

質問 5

誰かに嫌われることは怖いですか?

POINT!

2割は最初からあなたに対してネガティブ、と考えたら怖くなくなる

意見の違いなどから嫌われたり、「変な人」と敬遠されてしまうこともあるかもしれません。「空気が読めない」と言われそうで、自分の意見を言ったり自分だけ違う決定をしたりなんてできなくなっていきます。

しかし、もしそれが自分にとって大切なことだった場合、クラゲのように流されてしまっては、たどり着く先は自分が願う場所ではありません。

自分軸で生きるために大切なのは、「決して譲れない」ときにきちんと自分の意見を持って、決断して、実行することです。それができるようになるために、まずは小さなことから訓練していきます。

大切なのは、いきなり大きな結果を出そうとしないことです。すぐに実践できるレベルまでハードルを下げて、繰り返し実践する。そうすることで、少しずつハードルを上げていく。これが鍵です。

嫌われたくないと思うのは人の常。否定、批判、非難、訂正されたくないと思うのも、まったく普通のことです。そんなネガティブなことは、ないならない方がずっといいですものね。

だけど、もしみんなから好かれるなんて、そもそも無理なことだとしたらどうでしょうか？

そのままの自分でいるハードルがグッと下がりませんか？

STEP 1 気づき ▼ 全員に好かれること、誰からも嫌われないことなんて、そもそも無理

みんなに好かれるって可能なのでしょうか？　同調・同意するから好かれるのでしょうか？

STEP❷ 肯定▼嫌われたくない、みんなに好かれたいと思う自分も自分

そんな自分がいていいのです。誰だって、嫌われるよりは好かれたいのですから。

STEP❸ 決断▼みんなに好かれることを目指さない

嫌われたくない

▼

リフレーム

▼

みんなに好かれるなんて無理

STEP❹ 行動▼「2・6・2の法則」で、嫌われる恐怖に向き合う「2割の味方」スキル

「友達100人できるかな」のように、私たちは「みんなに好かれること」が良いこと、という前提からスタートします。だから、クラゲになるのです。

前提を「私を嫌いな人は必ずいる」に変えてみてはどうでしょうか？　嫌われたくない、という気持ちが少しは薄まりませんか？　だって、自分のことを最初から嫌いな人がいるのだから、自分じゃあどうしようもないもの。

この前提は「2・6・2の法則」に基づいています。それはこういうことです。

- 2割：仲のいい人・優秀な人
- 6割：そのときの状況によって変わる人・普通の人
- 2割：好きじゃない人・できない人

これを応用してみましょう。部屋に10人いるとします。そうすると、2人はあなたのことが好きで、2人は最初から嫌い。あとの6人は様子見だそうです。

2割の人が最初から自分の意見に好意的なら、それで十分だともいえるのではないでしょうか？

また、最初から2割は否定的と思えば、そんな意見が出たときにも「あ、きたな」という感じで心の準備ができていますから、受け止めやすくなります。

あなたには2割の味方がいます。それで十分。目指すのが2割なら、「こんなこと言ったら嫌われるかな」と思ったとしても、自己主張するハードルがグッと下がりますよね。

そして大切なのは、「言う」と決めたら「言う」こと。そして、自分が言ったことに対して「やっぱり言わなきゃよかったかな」なんて思わないこと。

自分の意見はいつだって自分にとっての正解なのですから、それを人がどう受け取るかは受け手の問題です。自分ではコントロールできません。

わかってくれる人もいれば、わかってくれない人もいるのです。

質問
6
自己主張とは、自分のことだけを考えればいいのでしょうか？

POINT!

「アサーティブ・コミュニケーション」*で、お互いの立場を思いやる自己主張法を身につける

Assertiveは「主張」や「断言」という強い言葉に訳されることがありますが、アサーティブ・コミュニケーションは、意味としてはもっとソフトな、共感を含む自分の意見の伝え方で、相手が好感を持つ話し方です。

勝ち負けや是非にフォーカスするのではなく、お互いの立場を思いやってキャッチボールをする感じです。

*アサーティブ・コミュニケーション
相手の立場を思いやりながら自分の意見を主張するのが「アサーティブ・コミュニケーション術」。お互いを尊重し合い、違いの中からその問題にとって最良の解決策を見出していくコミュニケーションです。これこそが建設的な自己主張だといえるでしょう。

自己主張というと自分1人の作業だと思いがちですが、**コミュニケーションの目的はお互いの信頼関係の構築にあります**。そう考えると、自分の意見を言うのは自分1人の作業ではなく、双方が関係する協働作業なのです。

自分が発信することが、相手に考える機会を与え、相手にとっての利益にもなる。ですから、まずはそこをリフレームしたいと思います。

自己主張＝自分1人の作業

▼

リフレーム

▼

自己主張＝相手と自分の協働作業

信頼しているから、自分の気持ちを伝えることができる。信頼してほしいから、相手の声に耳を傾けます。そして、決して相手を否定しない。

人はみんな違うから、意見が違って当たり前。それがコミュニケーションの前提条件にあります。

アサーティブ・コミュニケーションは、このようにして信頼関係を築き、最適解を見つけたり、お互いの気持ちを分かり合う素敵な自己主張の方法です。良好な人間関係を築くための最大の武器でもあります。ここで身につけていきましょう。

STEP ❶ 気づき ▼ 自己主張は言い張ることではなく、相手との協働作業なんだ

自己主張とは、自分の意見を一方的に述べるだけのものではなく、相手の意見に耳を傾け自分の意見を言うことで、信頼関係をつくるためにある行為なんだ。

STEP ❷ 肯定 ▼ 自己主張のやり方を知らない、慣れていない

いいのです、やり方を知らない自分がいて。慣れていない自分がいて。

STEP ❸ 決断 ▼ 自己主張のやり方を知って、慣れればいい

能力の問題ではありません。知識と経験の問題です。慣れれば、誰だってできるようになります。

STEP❹ 行動▼「DESC法」を使ったアサーティブ・コミュニケーション

ここでは、BYBSコーチングの「非認知能力を育む子育てコーチング3か月チャレンジ」で紹介している一般的なコミュニケーション法の「DESC法」を使って、アサーティブ・コミュニケーションを身につけていきましょう。

「DESC法」では、次の「D⇩E⇩S⇩C」の流れに沿って話します。同僚や家族にも協力してもらって練習します。

① Describe：事実を伝える

自分の状況や相手の状況など、事実を伝える。

② Explain：説明する、共感

自分の気持ちに相手が共感するように説明する。または、相手の気持ちに共感する。

③ Specify：具体的な提案

提案や相手に望むことを具体的に伝える。

④ Choose：選択

もし相手に提案があれば耳を傾け、それによって代替案を出したりして最適解を見つける。

(例) 家事・育児の分担について、パートナーと話すとき

① 私も働いているからワンオペは大変。

② 早く帰ってきて手伝ってくれるのは難しいよね。

③ 食事の用意や後片づけが簡単になれば、だいぶ楽になるんじゃないかな。

④ ほかにアイデアはあるかな？　食洗機を買う？　食材を届けてくれるサービスを使う？　どれが一番金銭的に可能性があるかな？

ワークシート▼「DESC法」の実践

先ほどの例を参考にして、次のワークシートに書き出してみてくださいね。

D

↓

E

↓

S

↓

C

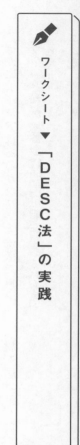

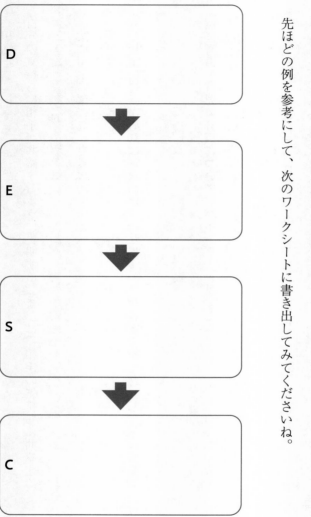

第2の武器のまとめ

■人は本来、自分で自分をコントロールしたい

■「自己主張しない・自己決定しない」に支配された他人軸の人生は、意志のないクラゲの人生

■自己主張が重要なのは、言わなければ伝わらないから。存在しないも同然だから

■自己決定が重要なのは、自分の幸せを決めるのは自分だから

■経済的に自立することも大切

第3の武器

「成功体質」

完璧主義と学習性無力感に別れを告げて、「できる自分」をつくる

「失敗体質」とは

文字どおり「失敗しやすい人」のことです。完璧じゃないと気がすまなくて、だからこそできないことがあると記憶に強烈に焼きつき、そうして「できない」を連発するようになる。

その声かけは、自分をどんどん失敗体質へと追いやっていきます。

私たちは100点を取ることを求められ、それが評価の基準になってしまっているから、100点を目指す。99点じゃあダメ。100点じゃないと！

そんなふうにして、小さい頃から完璧を目指すことを刷り込まれていきます。

そして、1点足りないのは失敗で、失敗した自分はダメだと思う。問題が難しいときもあれば、簡単なミスが原因となって、また100点が取れないときが続く。

そうすると、失敗した経験やできなかった経験が蓄積されて、今度はやる前から「ああ、また失敗する。どうせダメ」とあきらめるようになる。そうやって、どんどん自分を「失敗する自分」に追い込んでいきます。

そしてついに、やらないようになる。それなら失敗しないからです。やるのは確実にできることだけ。それなら完璧を維持できるからです。

失敗を極度に恐れるのは、自分も親も先生も失望させたくないからです。がっかりされたくないから。このようにして、失敗を避けるためにどんどんチマチマと生きていくようになります。

これが「失敗体質」です。つまり、「完璧じゃない＝失敗」で、できそうにないことはやらない、できることしかやらない。つまり発展がない、後退しかない生き方です。

これでは、未開の地で道を切り拓くなんて、恐ろしくてできません。土砂崩れがあったら何もせず、風が土砂を吹き飛ばしてくれるまで待っていることでしょう。

そして最後には、「進めないのは土砂が悪い」と誰かのせいにするのです。

この「失敗体質」には、次の3つの原因があると考えています。

失敗体質の原因①▼100％以外は認めない「完璧主義」

「きちんとやる」のは良いことって思ったことはありませんか？　私はこれこそが大切で、「きちんと」できない自分はダメだと思っていました。そんなときは、せっかくできているところや、とりあえず挑戦した自分のことはまったく見えていません。

こんなふうに、完璧主義とは自分の足りないところにフォーカスしてしまうことです。これでは、たいていのことは失敗になってしまいます（99％できても失敗！）。

「もっともっと」「まだまだ」が口癖になっているとしたら、完璧主義の傾向があるかもしれません。

「もっとがんばろう」と思うことは悪いことではないのですが、私がそうだったように、100％以外は失敗と決めつけてしまうのが問題なのです。

失敗体質の原因②▼できなかった経験や失敗がつくり出す「学習性無力感*」

私たちには成長するにつれてできなかったこと、間違えたこと、失望したことなどネガティブな経験が増えていきます。

先述のようにそれらは、「ネガティブ・バイアス」によって強く記憶に残っていきます。そんな失敗や嫌な経験をしたことが原因で、何をしてもダメだと確信し、行動する前からあきらめたり、仕事や勉強に対してやる気が起きない無気力状態に陥る状態を指す心理学用語があります。

＊学習性無力感に関するマーティン・セリグマン博士の研究
電気が流れているが、ボタンを押すと電気ショックを回避できる部屋と、何をしても電気ショックを回避できない部屋の2つに、犬を分けて入れました。

前者の部屋に入った犬は、ボタンを押すと電気が止められることを学習して、電気が流れるとすぐにボタンを押す行動を起こすようになりましたが、後者の部屋に入った犬は何をしても電気を止めることができないことを学ぶと、何も行動を起こさなくなりました。

その後、ボタンを押すと電気ショックを回避できる部屋に両方の犬を移したところ、前者の犬は回避行動を取りましたが、後者の犬は何も行動を起こしませんでした。

この研究からわかったことは、失敗や嫌な経験をしたことが原因で何をしてもうまくいかないとあきらめてしまうと、やる前から「どうせまた無理」「がんばってもまた報われないから、やっても意味がない」とあきらめてしまうようになるということです。

それは、ポジティブ心理学のマーティン・セリグマン博士が提唱した有名な理論で使われた「学習性無力感」です。

失敗体質の原因③▼「できない」という口癖

「できない……」と思わず言ってしまうことがありますよね。特にやったことがなかったり、ちょっと難しそうだと。私もそうでした。でも、言葉には意味があります。

「できない」と言った瞬間に、自分は「できない」ことになっていきます。

ですが、私たちは本当にそんなに「できない」のでしょうか？

□本当にできないのではない！

私たちは簡単に「できない」という言葉を使いがちですが、実際はできないよりも、それを「やったことがない」「やり方を知らない」「教えてもらっていない」「慣れていない」、この4つのうちのどれかということではないでしょうか。

やったことがないから「できない」。
やり方を知らないから「できない」。
教えてもらっていないから「できない」。
慣れていないから「できない」、のではないでしょうか。

能力的にできない
▼
リフレーム
▼
やったことがない、やり方を知らない、教えてもらっていない、慣れていない

私たちが「できない」と思っていることは、実はこの4つのうちのどれかであることが少なくありません。だったら、そこを補ってあげればいいだけです。
「やったことがない」ならまずはやってみればいいし、「やり方を知らない」なら学べばいい。「教えてもらっていない」なら誰かに聞けばいいし、「慣れていない」なら繰り返しやればいいだけです。

□「できない」は「やらない」の言い訳だった

35歳くらいまでの私の日常は、「できない」で埋め尽くされていました。「あれがないからできない」「これがないからできない」「私には無理」。

でも今思うと、その「できない」は、本当にできないのではなく、やりたくても失敗するのが怖いし、失敗したら恥ずかしいから「やらない」を選んだ私の言い訳だったのではないかという気がします。

「できない」が口癖だと、行動も「できない」を選んでしまう。そうしてますます「失敗体質」の自分ができ上がっていきます。

「できない」という口癖は、「できる自分」という成功体質の大敵です。今すぐNGワードにしましょう。

できない

▼

リフレーム

▼

やったことがないだけ

できないのは、恥ずかしいことじゃない

こう考えると、できないのは恥ずかしいことじゃない、と思えてきませんか？　ただ、「やったことがない」「やり方を知らない」「教えてもらっていない」「慣れていない」だけのこと。

だからまずは、やってみればいい。ただそれだけのことなのに、「失敗」を恐れてやらないなんて、人生の無駄使い……そんなふうに思えてきませんか？

せっかくの人生、無駄に生きてしまうか、最高に精一杯生きるか？

その分かれ目は「やるか、やらないか」です。

さあ、どちらを選びますか？

「第2の武器」で自分の意見を持ち、自分で決めることを学びましたね。早速、そのスキルを実践するときです。

ぜひともあなたには、「まずはやってみる」を選んでほしい。

それさえできれば、自分の決断に責任を持つあなたのことですから、自分の力で成功体質をつくっていくことができます。

「でも……」と思う気持ち、私もそうだったからよくわかります。

大丈夫。きっとできる。

だって、あなたは自分からこの本を手に取ったのだから。

できないことは恥ずかしい

▼

リフレーム

▼

やらないことは恥ずかしい

失敗体質に別れを告げましょう

このように考えてくると、失敗体質って本当に厄介なものですよね。

では、この失敗体質に永遠の別れを告げるためにはどうすればいいのでしょうか？

何もやらない？　確かに何もしなければ失敗することはありません。でも、私たちは一日中寝ているのでもない限り、何かをします。ドアを開けることかもしれないし、散歩に行くことかもしれない。そこにはいつだって、「うまくいかない可能性」が潜んでいるのです。

では、ずっと寝ている？　でもそれは、「どんなときも道を切り拓いて、自分らしいキャリア構築をしていく自分」を目指すあなたが選ぶことじゃない。

さあ、**第3の武器「成功体質」**を手に入れにいきましょう。

□ 基本のリフレーム

できないからやらない

▼

リフレーム

▼

やらないからできない

成功体質のつくり方

成功体質の人とはどんな人でしょうか？　失敗体質の人の特徴は行動しないということですから、成功しやすい人はまずは行動する人なのです。

そして、ここでいう「成功」とは「できた」経験のことです。だから、成功体質の人は「できた」経験のたくさんある人なのです。

そして、「できる」を再現しやすい人。だって経験豊富なのですから。

そんな成功体質をつくる鍵は、「自己効力感」を高め、行動する自分をつくることです。

POINT!　**成功体質をつくるには、小さな成功の積み重ねと自己効力感を高めることが鍵**

成功体質の鍵、「自己効力感」とは何か？

自己効力感とは、「自分には達成できる」「それはできる」「自分は大丈夫」という、いわば自信のような感覚です。

この章でお話しする第3の武器は、有名なアルバート・バンデューラ博士の「自己効力感」の研究と、スキナー教授の「成功体験」の理論をベースにスキルを構築していきます。

＊自己効力感（Self-Efficacy）の提唱者、アルバート・バンデューラ博士の研究結果

バンデューラ博士は、自己効力感に影響する要因を４つ挙げています。それらを意識して行動すれば、自分で自己効力感を高めていくことも可能だとしています。

1　達成経験：過去の達成体験
2　社会的説得：褒められた経験・他者からの評価
3　代理体験：他の誰かの目標達成を観察することによって起きる経験
4　生理的感情的状態：心身の健康が効力感を引き出す

BYBSコーチングでは、1の「達成経験」にフォーカスして「できる自分」をつくっていきます。自分で決めた行動を実践し成功体験を増やすことで、「根拠のあるできる自分」を育みます。

そうすることで、「根拠のないできる自分」でも「きっとできる」と感じられて、ますます行動力が高まります。

□自己効力感が高いとどうなるか？　低いとどうなるか？

自己効力感が高いと、ある困難な状況で失敗したらどうしようと不安になったときに、「きっと大丈夫。できる！」と考えて行動する原動力となります。

一方、自己効力感が低いと、「どうせできない」「やってもムダ」「失敗したらどうしよう」と行動に出るのが難しくなります。

自己効力感が高いと、目標の達成可能性が高まり、人生の可能性と選択肢が広がります。

それでは、この自己効力感は、どのようにすれば高めることができるのでしょうか。

自己効力感を高める鍵①▼「Just Do It」、行動ありき

ここでちょっと、誰もが見たことのある光景を思い浮かべてほしいと思います。

赤ちゃんがいます。歩こうとして、つかまり立ちをしては転んでしまいます。だけど、また立ち上がって挑戦します。昨日はできなかったかもしれないけれど、今日は一歩歩けた。明日はもう一歩歩けるかもしれない。

そう、私たちはみな最初から「歩ける」わけではありません。小さな行動を何度も繰り返すうちに歩けるようになる。そうして、どんどん歩くうちに走れるようになる。

「Just Do It」って、そういうことじゃないでしょうか？　「できる」ことがポイントなのではなく、「やってみて、そこから学ぶ」。

失敗は最初から想定内なのです。だって、やったことがないんですもの。

頭で考えたらできそうなことでも、実際にやってみると難しいこともあります。

頭で考えていては実感できないことも、やってみると意外に腑に落ちることがあります。たとえば、自転車なんてそうじゃないでしょうか？

□失敗は想定内なのがJust Do It

「Just Do It」の良い点はおそらく、うまくいかないところだと思います。だって、「まずはやってみる」のですから、やったことはないでしょうし、新しいことでもあるだろうし、慣れていないのですもの。

失敗は想定内だとすると、かなりハードルが下がりますよね。

まずはやってみて、やり方を学んだり、うまくいかなければ教えてもらったり手本を見せてもらったりして、何度もやって慣れていく。

そうするうちにできるようになる。そうやって、どんどんできる自分ができ上がっていく。

それに伴って、新しいことをしようとするときに過去のたくさんの成功体験が根拠となって、「きっとできる」と思える自分もでき上がっていく。だから、余計に行動に出やすくなる。

ここでも失敗は想定内。だけど、それまでにいっぱい失敗して、それを「できる」に変えてきた自分がいるから、失敗なんて恐るるに足らずになっていくのです。

そしてさらにまた失敗して、そこから学んで成長していくことで、新たな「できた！」を手にする。そうやって、ポジティブなサイクルが繰り返されることで成功体質になっていきます。

まずはやってみることで、こんな素敵な体質になれるって、最高の体質改善だと思いませんか？

そして、これは誰もが今すぐにできることでもあるのです。

昔、テレビのコマーシャルで「Just Do It」と言っているのがありましたね。本当に格好良くて、そんなことができたらきっと何でもできるだろうなあ、と思ったことを覚えています。

と同時に、「だけど、どうせ私には無理」と思っていた自分がいたことも。

自己効力感を高める鍵②▼「できなくて当たり前」からはじめる

「いいなあ、そんなふうに生きられたら」と思っても、当時の私が「どうせ無理」と躊躇《ちゅうちょ》してしまったのは、プロセスが見えていなかったからだと思います。物事の完成形は見えても、そこまでたどり着く小さなステップは見えない。

理想を持つことは素晴らしいこと。でも、「理想」とはある意味、完成形です。そこに一足飛びに行こうとすると、現実と理想の間のギャップに気力が萎えてきますよね。

それからもう1つ、「Just Do It」のハードルを上げる思考があります。それは、「できて当たり前」。

理想の自分は、やろうと思ったことは全部、あっという間にできる格好いい自分。だけど、できて当たり前なんてことはあるのでしょうか？

やったことがないことをしたり、今以上にできるようになるためにはプロセスが必要です。魔法の杖の一振りでできるようになるのはマンガの世界だけのこと。現実社会では、完成形にたどり着くまではプロセスを踏むしかありません。

だからこそ、まずは前提を「できて当たり前」から「できなくて当たり前」にリフレームします。そうすることで、完璧を求めすぎる自分のハードルを下げてあげましょう。それが行動しやすくなる第一歩です。

できて当たり前

▼

リフレーム

▼

できなくて当たり前

自己効力感を高める鍵③ ▼ 地味な行動を繰り返す

私たちは格好良く生きたいと思いがちです。だから、「やりたいと思ったことはできて当たり前」な完成形を思い描いてしまう。一足飛びにそこにいる自分を想像して、今の自分とのギャップから「無理」とやめてしまう。

でも、そっちの方が格好悪くないですか？　やらない方が格好悪いと感じるのは私だけでしょうか？

それより、試行錯誤しながらも、毎日小さなステップを繰り返す。そうして夢を手に入れる地味な生き方が最高に素敵だなと思えるのです。

それこそが成功体質の鍵です。そう、「できる自分をつくる」って、意外と地味なことなのです。だって、とっても小さな「できた」の積み重ねだから周りは気がつかないかもしれないし、失敗は想定内。そこから地道にプロセスを踏んで「できる自分」をつくっていくのですもの。

一足飛びでも魔法の杖の一振りでもない。だけど、そのプロセスが、確実にできる自分をつくっていく鍵です。

そのプロセスで培った「できる自分」がいれば、どんなときも何が襲ってきても道が寸断されていても、必ず前に進むことができるのです。

自己効力感を高める鍵④▼

失敗というコンセプトはない

私は35歳くらいから自分の非認知能力を育みはじめましたが、私の中から消えたコンセプトが1つあります。それは「失敗」という考えです。

そもそも、失敗とは何でしょうか？　それは、うまくいかないこと？　思ったような結果が出なかったこと？

行動すれば必ず、「うまくいかない」ことにぶつかります。実は、ここが勝負どころです。

そこでやめてしまえば、それは「失敗」となって永遠に終止符が打たれます。

ですが、私たちには問題を解決していく力があります。自分のキャパを超えるようなことが起こったときも、自分の周りにきっと助けてくれる存在がいます。

だから、失敗を「成長のプロセスでしかない」と捉えれば、必ず何らかの道が開けるはず。

ＢＹＢＳでは、失敗は貴重な問題解決の機会であると考えています。だから、１４０名のコーチたちはみんな最高に活き活きと活動していけるのです。

だって、うまくいかないことがあれば、みんなで知恵を持ち寄って協働力で問題解決していけばいいのだから。そうしてもっと「できる自分」になって次の舞台へと駆け上がっていくのです。

この思考の書き換えが、より「Just Do It」な自分をつくっていきます。

失敗は後退

▼

リフレーム

▼

失敗は成長のプロセス

失敗というと、つい「後退」をイメージしがちですが、単に自分を前に進めるプロセスでしかありません。失敗の数だけ人は成長していけるのですから。

「第3の武器」の習得法

ここから失敗体質の「できない自分」ではなく、成功体質の「できる自分」をつくっていきます。

鍵は、「できる」という自己効力感を高めていくこと。失敗を成長の機会にできるようにハードルを下げること。

大丈夫。本書を手に取ったあなただから、きっとできる。私がしっかり伴走します。いつも側にいます。

▶コーチング開始

質問7 「私には無理」「どうせまた失敗する」と思うことはありますか？

POINT❶ 学習性無力感を理解し、「できた自分」を思い出す

行動する自分をつくりやすくする第一歩は、行動を止める「やる前からあきらめる」に対処することです。

STEP❶気づき▼もしかして、「私には無理」と思い込んでいただけ？

やる前からあきらめてしまうのは、私には無理と思っていたからだけど、そう思い込んでいただけかもしれない。

STEP❷肯定▼脳の性質でそうなるんだ

やる前からあきらめたくなる自分がいても大丈夫。自分のせいじゃなくて、脳の性質（ネガティブ・バイアス）のため。だから、そんな自分を肯定しよう。

STEP❸決断▼うまくいかなかった自分もいたけど、できた自分もいたはず

どうせ無理、また失敗する

▼

リフレーム

▼

また失敗するとは限らない

STEP❹行動▼「できた自分」発掘作業スキル

私たちは、脳の性質その他のため、どうしてもできなかったことに意識が向きがち。そして、できたことは軽視しがちです。

でも、「できなかった」あとには、必ずそこを乗り越えて前に進んだ自分がいたはず。

だからこそ、今ここにこうして立っているのです。

見つけてあげましょう。すっかり地中深くに埋もれてしまったあなたの成功を。

できなかった経験 発掘 掘り起こした成功

例：音楽で挫折した ▼ 1年間、真面目に英語を勉強して話せるようになった

私は歌で成功したくて、20歳のときに英語を一言も話せないのにロンドンに渡りました。そこで世界の壁を目の当たりにして、あっという間に挫折。

これは、私の中ではものすごく大きな出来事で、まったく歌が歌えなくなりトラウマになってしまって、カラオケにも行けなかったほどでした。

それ以後も、何かをしようとしたり夢を見たりするたびに、「どうせまた失敗する」「私には無理」と思うようになってしまいました。だけど、「できたことの発掘作業」をして

みると、そこには英語が話せるようになっていた自分がいました。

また、後に私をアートディーラーの道へと導いていてくれるメンターに21歳のときに出会うことができたのも、ロンドンに行ったから。

でも、すっかり忘れていたのです。この作業は行動に出る勇気を私にくれました。私にも「できた」経験がいっぱいあることに気がついたからです。

あなたにもそんな経験がたくさんあるはず。さあ、「できなかった経験」の奥深くに埋もれてしまった「成功」を掘り起こしてみてください。

失敗だと思っていたこと		その中でもできたこと
例：音楽で挫折した。	➡	1年間、真面目に英語を勉強して、話せるようになった。
	➡	
	➡	
	➡	
	➡	
	➡	
	➡	
	➡	

質問 8
まずやってみるのは無謀だと思いますか？

POINT！ しっかりした計画も、やってみなければわからない

目標達成の手段と考えられている一般的ビジネスツール「ＰＤＣＡ」（計画、行動、フィードバック、改善した行動）。

P：Plan
計画
▼
D：Do
行動
▼
C：Check
フィードバック
▼
A：Action
改善

計画を立てて、実践し、うまくいっているかどうかを確認して、改善点があれば実行する、という一連の行動計画・実践・目標達成プロセスです。

PDCAの良いところは、

- 計画・行動・フィードバック・改善が見える化される
- 自分自身の成長の速度がわかる
- 同じ状況にぶつかったときの解決が早くなる
- 同じミスや問題を回避できるようになる
- 作業効率が上がり、使える時間が増える

などがあげられます。

実は、PDCAには次のような問題もあります。

問題点①：緻密すぎる計画を立てて、計画しただけでやった気になってしまう

そして、計画は壮大になりがちだということ。そうすると、1つひとつの行動も大きくなりがちで、行動のハードルはどんどん高くなっていきます。みなさんもそんな経験はあ

りませんか?

問題点②:完璧な計画などないのに、完璧な計画を立てようとして時間ばかりが経ってしまう

それでやる気がなくなったり、行動に出られなくなったりします。

また、変化の激しい時代はスピードも大事。じっくりと考え、完璧な計画を立てているうちに、時代は変わっていきます。

まずはやってみる——変化の激しい時代にはスピード感が必須です。

そのために、目標達成のプロセスの順番を書き換えます。

STEP❶ 気づき▼緻密すぎる計画って、もしかして邪魔?

完璧な計画のために時間ばかりが過ぎていくのって、無駄なことをしているのかも。

STEP❷肯定▼「まずはやってみる」でいいのかも

そんな自分を肯定しよう。そして、「Just Do It」は無謀な方法かと思っていたけれど、そうではなくて、行動力を上げるためには効果的なんだ。

STEP❸決断▼用意周到に準備するより、まずはやってみよう

PDCA
▼
リフレーム
▼
DCPA

STEP❹行動▼「Just Do It」をかなえる「DCPAサイクル」を回す

言い訳の入る余地を少なくし、とにかく行動力を高めるためには、従来の順番を崩して新しいやり方を取り入れましょう。それが「DCPA」です。

D：Do
行動

▼

C：Check
フィードバック

▼

P：Plan
計画

▼

A：Action
改善

これからは、この順番でやっていく。ちょっと試してみませんか？

質問

9

小さな成功じゃ格好悪い？成功した気がしない？

POINT！ **小さな成功の繰り返しで、自己効力感を高めていく**

行動する自分をつくりやすくする第3歩目は、「できた自分」を毎日積み重ねていくこと。

鍵は、「小さな成功」*です。些細なことならば、たとえ失敗したとしてもたかが知れています。それに、あっという間に問題解決して学びのプロセスにすることができます。

これを積み重ねていって、失敗に対する恐怖を軽減して行動しやすい自分をつくっていきます。

自分が「できた！」という経験が重なって、どんどん自己効力感が鍛えられていくのです。

ＤＣＰＡがしやすくなるように、ここではとにかく行動に出る「Just Do It」な自分をつくっていきます。

STEP❶ 気づき▼成功は大きくなくてもいいのかもしれない

「できた」を増やす鍵は、小さく夢を見て小さな成功を確実にものにすることです。

私たちは大きく夢を見ることがいいと言われて育ってきました。ですが、本当に大切なのは小さな成功を積み重ねることです。

そうすることで、自分を育てていく。振り返ってみれば、「どうしてあんなことが無理と思っていたのだろう」と思う自分ができていきます。

□とはいえ、やっぱり夢は大きく見るのがいいのでは？

「少年よ大志を抱け」とか「夢は大きく」「大は小を兼ねる」とか言いますよね。ですか

＊ハーバード大学とヒューストン大学で教鞭を執った心理学者スキナー教授は、小さなことをこなしてそのたびに成功を重ねることは、小さなことが１つできるたびに成功という「報酬」を得られることだ、と言っています。

ら、何となく「成功」や「夢」やそのための「行動」は大きくなくてはいけないと感じてしまいがち。

でもそれって、いきなりエヴェレストに登る夢を見るようなことと一緒です。ハードルが高すぎて現実味がありませんから、結局「夢物語」で終わってしまうでしょう。

大切なのは、最初の一歩を踏み出し、歩み続けることで自己効力感を高めていくことです。エヴェレストの夢も、近所の山からはじめたらかなうかもしれない。

そうすることで、見る夢も自然と大きくなっていきます。気がついたら「夢物語」ではなく、「現実の夢」になっているはずです。

それが、小さく夢を見て、小さな成功を積み重ねていくことの強みです。

STEP❷肯定▼大きな成功に憧れる自分も自分、小さな成功を積み上げる自分も自分

誰だって、大きな成功や大きな夢を「あっという間」に達成する自分に憧れます。だか

ら、そう思う自分も受け入れてあげましょう。そのうえで、成功は小さくても成功だと肯定します。

STEP ❸ 決断 ▼ あえて小さな成功にフォーカスしよう

成功は大きいから成功なんだ

▼

リフレーム

▼

小さな成功の積み重ねは一つの大きな成功に勝る

STEP ❹ 行動 ▼ 一日一回、小さく成功するスキル

毎日5分あればできることを考えます。本来は「やりたいこと」を見つけてやるのが一番良いのですが、それは次の章でくわしくやることにして、まずここではどれだけ小さく成功できるかを訓練します。

ここでは、毎日5分あればできる自分のタスクにしましょう。これなら、すぐに思いつくと思います。

たとえば、お皿を洗う、デスクまわりを片づける、など。

こんなことが成功なのか？　**もちろん成功です。**だってあなたには、「やらない」という選択肢もあるのに、「自分のタスクだから」と完遂したのですから。そこには確実に「できた」自分がいます。

だから、やった自分を褒めてあげましょう。立派なその日の成功ですもの。

それでは、あなたも毎日5分でできる「自分のタスク」を書き出してみてください。

「やる」と決めたら有言実行。そしてスモールステップに噛み砕き、小さな成功を積み重ねていく。うまくいかなければ、軌道修正すればいいだけのことです。

こうしてでき上がるのが、「できる自分」。

「できる自分」が行動していき、「できた自分」という経験が増えていくことで、やったことがないことでも「きっとできる」と思える自分が生まれ、さらに行動してそれを結果につなげていく——これが成功体質です。

第3の武器のまとめ

■完璧主義、学習性無力感、「できない」という口癖が「失敗体質」をつくる

■理想を求めすぎれば、今の自分とのギャップの大きさにやる気がなくなる

■本当にできないのではなく、①やったことがない、②やり方を知らない、③教えてもらったことがない、④慣れていない、のどれかであることが多い

■成功体質は、「まずはやってみる、小さくやる、小さく成功する、それを繰り返す」でつくれる

第4の武器

「主体性」

「やりたい」を見つけて、好奇心を育む

「指示待ち体質」からの脱却

ここでは、「言われたからやる」「言われたことをやる」という指示待ちではなく、「自らやりたいからやる」という主体性を育むためのスキルを実践していきます。

自分の意見を持たず、言われたことだけを文句を言わずに効率よくこなすうちに、私たちはすっかり「指示待ち体質」を身につけてしまいました。

これでは、どんなときも自らの力で道を切り拓いていくことはできません。

でも私たちは、指示待ちになりたくてなったんじゃない。ただ、そんな環境で育つのが普通だっただけ。だから、大丈夫。

一緒に、第4の武器、自らの意志で行動する「主体性」を身につけていきましょう。

POINT! **「Must（やらないといけない）」「Should（やったほうがいい）」は最小にして、「Want（やりたい）」にリソースをシフトする**

□基本のリフレーム

Must やShouldを効率よくこなすのが良い人生

▼

リフレーム

▼

Wantを生きるのが幸せな人生

「主体性」とは

「主体性」は、誰かに言われていなくても、何もすることがないときでも、自ら何かを見つけて行動し、そしてその行動に責任を持つこと。

つまり、言われていないことを自分で考えて、やりたいからやることです。

キャリア構築においては、「近道はないか」「もっと違った生き方はないか」「こっちを試してみたい」「自分にもっと向いている仕事って何だろう」と自ら考えて行動することが多いと思います。

私たちは、そんな行動を通して「自分の人生を生きている」ということを感じるのではないでしょうか？　それに、何といっても誰かの指示や命令で動くよりも、自分で考えて選んだことをする方が人生楽しいです。

主体性のある人の特徴

主体性のある人の特徴をまとめると、

- 行動力がある
- 好奇心が旺盛
- 積極的
- 思考力がある
- 自分の意見を持っている

- 何もないときでもやることを探す・見つける
- 「やりなさい」と言われていないことでも、やりたいからやる
- 自分で考えて選んだ、実行した行動の結果に責任を持てる
- ミスや失敗が発生したときに、言い訳や罪悪感より真っ先に問題解決しようとする

こんな感じになります。

また、自分の意見や、それを持つための思考力を持っていることも特徴として挙げられます。みなさんは「第2の武器」で自分の意見を持つこと、自分で決めることを身につけました。ですから、この「第４の武器」を身につける準備は十分にできています。

そして何より主体性のある人は、自分で考えて選んだ行動の結果に責任を持ちます。だからこそ、うまくいかないことがあったとき、責任転嫁や言い訳をするのではなく、「どうやったら解決できるか」を考えます。だってそれは、自分にとって本当に意味のあることなのですから。

こうして、うまくいかなくても自分を立て直して行動するので、やり抜く確率が上がります。

以上のことを一言でまとめると、主体性のある人は「好奇心旺盛で、自分でやることを見出し、その行動に責任を持つ人」といえるのではないでしょうか。そして、やり抜く力がある。

だからこそ、「**主体性**」はどんなときも道を切り拓く自分をつくるために欠かせない非認知能力なのです。

主体性を育むために必要な内的モチベーション

主体性を育むうえで必要になるのがモチベーション（なぜやるのかという理由）です。

モチベーションには、外的と内的の2つがあります。

外的モチベーションとは、ご褒美・地位・評価・給与や叱責など、外から与えられることに起因するもの。**内的モチベーションとは、「やりたい！」と自分の内側から湧き出るものです。**

主体性を育むためには、外的と内的、どちらのモチベーションが有効なのか？　これには有名なデシ博士の研究（ソマパズルの研究）*があります。

この研究からは、**「内的動機づけ」という自分で自分をモチベートする力は、主体性を発揮するうえで欠かせないものだということがわかっています。**

＊「アンダーマイニング効果」を証明したソマパズルの研究
外的モチベーションは内的モチベーションを下げるということ（アンダーマイニング効果）を証明したエドワード・デシ博士の研究があります。大学生を2つのグループに分けます。1つのグループは、パズルを解いたら1ドルのご褒美があります。もう1つのグループは、解いてもご褒美はありません。

さあ、休憩時間にも自主的にパズルをやったのはどちらのグループでしょうか？

それは、報酬が0だったグループでした。面白さや楽しさが「解きたい」という内的動機づけになったからです。逆に、報酬があることで「報酬を得る」ことが動機となってしまい、本来のパズルを解く「楽しさ」という内的動機づけに悪影響を及ぼし、弱めてしまいました（アンダーマイニング効果）。

よって、デシ博士は「なぜやるのか」という動機が内的の場合、そのモチベーションは長続きし、主体性を発揮する場合には不可欠としています。

□やりたいからやっている＝楽しい＝外的モチベーションは不要

デシ博士の研究結果は、ご褒美は自らやりたいと思ってやっている人のモチベーションを下げてしまうと証明しています。

そもそも、やりたいと思ってやっている人に外的なご褒美はいらないのです。「やりたいからやっている」＝「楽しい」という最高のご褒美があるのですから。

やっぱり自分で選んで、決断して行動する方が楽しいですよね。仕事でもお給料（報酬）のためだけに働くときって、時給が発生しない時間分なんて働きたくないし、自分の仕事じゃないことはやりたくないと思ってしまいます。

しかし、それが自分にとって本当に意味のある仕事の場合、時給がどうとか自分の仕事かどうかなんてことよりも、とにかく「やり遂げたい」という気持ちが強い。そんな経験はありませんか？

誰かに、「自分らしいキャリアをつくって偉いね」なんて褒めてもらうために自分らしいキャリアをつくるのではありません。自分がそうしたいから、自分にとって本当に意味があるからやるのです。

大切なのは、「自分はどうしたいのか」ということ。その行動に他人は往々にして褒めたり褒めなかったりのリアクションをしますが、あなたには他者のそんな評価をコントロールすることはできません。

ですが、自分の行動だけは100％自分で決めることができます。

主体的な行動を取るか？

言われたことだけをやっていくか？

あなたには選択肢があります。そして決めるのはあなたです。

□主体的になれない3つの要因

あなたが今、「自分には主体性がない」と感じているとしたら、それはあなただけじゃないから大丈夫。多くの方が同様に感じているのではないでしょうか？

私も30代半ばで非認知能力に出合うまで、誰かに言われたことや自分に期待されていることをきちんとこなすのが良い人生だと思っていました。そして、「私の人生って何なのだろう」と自分を見失っていたのです。

まさに、自分で自分の人生を決めていない、「主体性がない」状態でした。

では、どうして私たちの多くは、そんなふうに感じるのでしょうか？　私は次の3つの大きな要因が私たちから主体性を奪っていると考えています。

まず1つ目は、親・先生・大人・先輩・上司など、上の人の言うことを聞いてそのとおりに行動するのが「良い子」というトップダウンの関係。

次は、「出る杭は打たれる」という恐怖から、「みんなと同じ」や「指示待ち」になるということ。

そして3つ目がイヤイヤ期、反抗期への向き合い方です。

そもそも、イヤイヤ期も反抗期も学術用語ではないそうです。本来、イヤイヤ期は「第1次自己主張期」、反抗期は「第2次自己主張期」というのだそうです。

私たちはイヤイヤ期、反抗期という言葉を使うことで、自己主張を悪いものとして捉えがちです。特に反抗期は、子どもとしては自分の意見を言っているだけなのに、親としては自分の意見と違うとき、自分の意見に従わないときに「反抗するなんて！」となります。

こんなふうに、トップダウンで押さえつけられて、自分の意見を主張するのは「良い子」から外れると教えられてきたのに、大人になっていきなり「自分の意見を言いなさい」「主体的に行動しなさい」と言われても戸惑うのが普通ですよね。

いかがでしょうか？　トップダウン、出る杭、「反抗するなんて！」に思い当たることはありませんか？　**私たちの多くは、そもそも主体性を育むような環境に置かれてこなかったのです。**

それがグローバル化、多様化、ＡＩ化が加速する前代未聞の変化の激しい社会に放り込まれたことで、自分で答えを見つけなくてはいけなくなりました。ハードルが高いと感じて当然です。

だから、安心してね。私たちは何歳になっても、新しいことを学ぶことができます。人生に遅すぎることなんてない。

今日が一番若い。今日が最初の一歩。今日、今このとき、ここから始めればいいのです。

そして、あなたはきっとできます。やり抜きます。

「主体性」がやり抜く力を支える

主体性のメリットとして忘れてはならないのが、「最後までやり抜く」力です。

私はよく「コミット」という言葉を使います。日本語にあえて訳すとしたら、「やり抜く覚悟」「欲しい結果を出す責任」とでもいうのでしょうか。

自分らしいキャリア構築にコミットするからこそ、あなたはこの本を手にしています。

それはどういうことか？　何としても自分らしいキャリア、生き方を構築していくという覚悟があるということです。そして、その覚悟を結果として出していく責任を負うということです。

あなたは、誰からも「やりなさい」なんて言われていません。それなのに、この本を手にしています。

それは、自分で考えて、探し求め、選んで、行動に出た結果です。これが主体性、そして主体的行動です。あなたはすでにそれを経験しています。あとは、これを意図的につくり出し、繰り返していけばいいだけです。

主体的であるときは、行動の結果にも自分で責任を持ちます。「この程度でいいや」「言われたことはやった」ではなく、より良い結果を手にしようとします。

だからこそ、何があってもやり抜く。主体性こそが私たちをゴールに導く鍵なのです。

「第４の武器」の習得法

主体性を育むには、「やりたいこと（内的モチベーション）」「自分にとってやる意味のあること」を見つけることです。

その鍵を握るのは、「好奇心」*という非認知能力です。

好奇心を発揮して、いろいろなことに興味を持つことです。何にも興味を持たなければ、そもそも「やりたい」なんて思わないでしょう。ただ単に淡々と言われたことをこなしているだけなら、「自分にとってやる意味のあること」なんて考えもしませんから。

好奇心旺盛な人は、言われたことだけをやるのではなく、自らいろんなことに興味を示すので、新しいやり方を考え、新しい視点を取り入れて、企業に成長と変革をもたらす鍵となる人材と期待されます。

好奇心は最近、ビジネスシーンで注目されている非認知能力でもあるのです。

思考の書き換えの鍵は、好奇心を育んで、主体性のある行動に出る自分をつくること。
ではここから一緒に、主体的な行動に出る自分になるためのスキルを実践していきましょう。

POINT!

「Must（やらないといけない）」「Should（やったほうがいい）」を最小にして、「Want（やりたい）」にシフトしていく

＊好奇心の研究結果：好奇心には2つのものがある（バーラインの研究）
好奇心については理論の研究も盛んに行われてきました。バーライン・デシ・ローウェンスタイン・カシュダンなどいろいろな研究が有名です。その中でも、BYBSコーチングはバーライン博士の研究をベースにしています。博士は好奇心には次の2種類があるとしています。
① 拡散的好奇心（横に広く）
・幅広く、さまざまなことに興味を示す
・自分が知らないことを探そう、見つけようとする
・新しいことにチャレンジしようとする
② 特殊的好奇心（深く掘り下げる）
・1つのことを深く掘り下げる
・知らないことやわからないことがあると、とことん知ろうとする、調べる
さまざまなことに興味を持ち、わからないことは質問する・自分で調べようとする、という好奇心が主体性を育むのです。

質問
10
やる気って大事なものでしょうか？

POINT！ **やる気の前に、好奇心を育む行動を習慣化する**

内面からあふれる「やりたい」が重要とお話ししてきましたが、ここでコーチ重子は「やる気って大事なの？」と真逆の質問をしています。

時に、私たちはやる気に頼りすぎます。そして、やる気があるときはやって、やる気がないときはやらない。

主体性を育むためには、自分の中の「やりたい」を見つけることが大切ですが、それをやる気のあるときだけ探して、やる気のないときは探さないのでは、「やりたい」が見つかるのはいったいいつになるかわかりません。
ですから、第4の武器「主体性」の鍵である「好奇心」を手に入れるために、やる気に頼らず行動するスキルを実践します。

STEP ❶ 気づき ▼ やる気以外にも、大切なことがあるのかも?

STEP ❷ 肯定 ▼ まずは、良い行動を習慣化させることが大切なんだ

STEP ❸ 決断 ▼ 好奇心を育む行動を毎日繰り返そう

STEP ❹ 行動 ▼ 一日15分の探究学習スキル

一日一回、15分でもいいので、必ず「好きなこと探し」をします。それは、情報に触れることかもしれないし、外に出ることかもしれない。本を読むことかもしれません。
やりたいか、やりたくないかにかかわらず、必ず毎日この時間を確保して、自分が興味を惹かれることを探しましょう。そうして好奇心を育み、主体性を高めていきます。

探せば見つかる。探さなければ見つからない。それが「やりたいこと」の正体です。ある日突然降ってくるわけではありません。

「一日15分」の探究学習は、一日の中で最重要時間ですから、真っ先にスケジュール帳に記入しましょう。

消えないように、消せないようにマジックで書いてね。

家族にもわかるように宣言しましょう。「何時から何時まで、私の探究学習時間」と書いてリビングに貼っておくのもありですよね。そして、それを有言実行します。

質問 11

三日坊主って悪いことですか？

POINT! 好奇心を育む鍵は、「いかに時間と労力をかけないか」にある

英語には「shop around」という表現があります。これは何かを買うときに、いろんなお店をのぞいたり価格を比較したりして何を購入するか、そしてどこで購入するかを決めることです。

「やりたい」を見つけるのもこれに似ていると思うのです。

いったい、どんなものがこの世にはあるのか？　自分が知っている範囲なんて狭いです。そこだけで見つけようとしてきたから、今まで見つかっていないのかもしれない。

今こそ、視野を広げるときです。自分のcomfort zone（慣れ親しんだ領域）を出て、経験値を上げて選択肢を増やしましょう。

そのために大切なのが、いろんなことを試すこと。では、どうするか？

□ちょっとずつ味見してみよう

「take a bite」という表現があります。これは「ちょっと味見してみる」。そう、試してみなければわかりません。

ちょっとかじってみる。まずはそこからです。それも広く浅く、とにかくいろんなものをかじってみる。

あ、でも「面白そう」と思ったものだけでいいのです。「知っておくべき」は必要ありません。そんな好奇心が、あなたをきっと自分の「やりたい」に導いてくれるでしょう。

□「やりたい」を見つける鍵は、いかに時間と労力をかけないか

「それって、単に飽きっぽい人になったりしませんか？」

そんな声が聞こえてきそうですが、心配ご無用。だって、試してみなければ興味があるかないかなんてわかりませんから。

ちょっと手をつけてもすぐやめる「三日坊主」という言葉がありますが、実はこれって

「やりたい」を見つけるには有効だったりするのです。何事にも良い面があるのです。

探せばきっと見つけられる。そしてそのプロセスで培った好奇心は、必ずあなたの人生を豊かにしてくれます。

一方、リソースをかければかけるほど、「もったいない」が出てきてやめられなくなることを「コンコルド効果」といいます。

たとえば、用意周到に3か年計画を立てて行動しはじめると、途中でやめにくいと感じてしまうことが挙げられます。

そうなると、結局はイヤイヤ行動することになり、行動していないと同じくらい効果的ではなくなります。そんなことからも、ぜひとも「三日坊主」を試してみてくださいね。

**時間と労力を
かけるから見つかる**

▼

リフレーム

▼

**時間と労力を
かけないから見つかる**

やりたいことを見つけるには、このマインドシフトが有効です。

□一日15分から始めたコーチングの勉強

私は45歳ごろから第2の人生のキャリアについて準備を始めたのですが、本当にいろんなことを広く浅く試してみました。

実は、コーチングもその中の1つでした。というか、「1つに過ぎない」くらいの感覚で始めました。

私は机に座ってする勉強があんまり好きではありません。だから、コーチングの勉強も毎日15分から始めたのです。気がついたら2年続いていました。

そして、たった15分どころか、時に1時間とか没頭していることもあったのです。

広く浅く始めて、そこから深掘りする。それでいいのです。

STEP❶気づき▼三日坊主って悪くないのかもしれない

STEP❷ 肯定▼選択肢を広げるためには、広く浅くでいいんだ

STEP❸ 決断▼広く浅くで、選択肢を広げよう

STEP❹ 行動▼毎日1つ新しいことをしてみる「Take a bite」スキル

毎日1つ新しいことをするって、言うは易く行うは難しです。だからこそ、選択肢が広がります。ぜひとも想像力を発揮して、何か新しいことを試してくださいね。

そして、行動は小さく始める。

たとえば、いつも行くカフェで、いつもと違う飲み物をオーダーするとか、いつもなら見ないジャンルの映画を観るとか。そんな小さなことからでOK。

新しいことは、本当にいろんなところに転がっています。

質問 12

時間がない？ 忙しい？ 本当にそうでしょうか？

POINT！ Must とShouldにかける時間とエネルギーを減らして、Wantにリソースをシフトする

やりたいこと探しをしようとしたり、やりたいことが見つかったときに出てくるのが「時間がない」問題です。

私たちはまるで口癖のように、「時間がない」「忙しい」「自分時間なんて無理！」と言いますが、本当にそうでしょうか？

時間は誰にも平等に24時間あります。忙しい忙しいって、なんでそんなに忙しいのでしょうか？ 本当に意味のあることで忙しいのでしょうか？

それとも、何でもかんでも自分のお皿の上に乗せてしまうから、やってもやっても終わ

らずに忙しいと感じるのでしょうか？

「やるべき」「やった方がいい」をTo Doリストに書き出して、すべてをこなせばそれなりに達成感があります。でも、その達成感はあなたをどこに連れていってくれるのでしょうか？

達成感はあるけれど、疲労感もあります。心も体も疲れていては、「やりたい」を見つける時間も気力も体力も残っていません。

そんな行動で達成できるのは、言われたことを効率的にやるMustとShouldの繰り返しだけでしょう。それでは、自分らしい幸せなキャリア構築は難しくなりますよね。

あなたがここでしようとしているのは、どんなときも道を切り拓き、自分が幸せを感じるキャリアを構築することです。

嫌いなことのためではなく、ぜひともやりたいことのために道を切り拓いていってほしい。そのためにも、やりたいことが見つかったら、そこに時間をかけましょう。それがあなたを前に進める力となるのですから。

「やりたい」に勝るモチベーションはありません。崩れた土砂の先にあなたの「やりたいこと」があるのなら、あなたはきっと何とかして土砂をよけるでしょう。誰にも何も言われなくても。

□リソースを再配分しよう

「やりたい」を見つけ、それを実践するためには、時間とエネルギーが必要です。それら**を捻出するために必要なのはリソースの再配分です。**

私たちのリソースには限りがありますから、これまでと同じ使い方では結局、「時間がない」「忙しい」で終わってしまいます。これからは、自分らしい幸せなキャリア構築を可能にするリソースの使い方をしていきましょう。

時間がない

▼

リフレーム

▼

時間はある。本来使うべきところに使っていないだけ

まずは、「やるべき」「やった方がいい」ことが本当にやらないといけないかどうかを検証して減らすことで、時間とエネルギーを自分のために確保します。

STEP❶気づき▼「時間がない」って本当だろうか？　こなす作業をするだけが人生だろうか？

あなたが女性なら、母、妻、娘、義理の娘、働く女性の役割を完璧に演じるのは、「やるべき」「やった方がいい」をどれだけたくさん、どれだけ効率よくこなすことができるか、という生き方かもしれません。

だけどそこには、それぞれの役割を演じるおおもとの「自分」はいるのだろうか？

役割だけを演じる生き方を全うした自分には、最後に何が残るのだろう？

STEP❷肯定▼自分らしい人生を構築するために、NOを言ってもいいよね

すべてを抱え込めば、本当にリソースを使うべきところに使えなくなるから、NOを言うことは大事なことなんだ。

STEP ③ 決断▼これからは、NOと言える自分を選ぼう

やるべき・やった方がいいを効率よくこなすのが良い人生

▼

リフレーム

▼

やるべきをこなすのではなくやりたいを生きるのが良い人生

STEP ④ 行動▼「Not To Do いたしませんリスト」スキル

私たちはTo Doリストをつくることに慣れています。みなさんも何らかの手帳を使っていると思いますが、おそらくそこには「今日やるべきこと」がびっしりと書かれていることでしょう。

ではまず練習のために、細かいTo Doを書き出してみてください。それを眺めてみて、「自分でなければできないこと」「今すぐやらないといけないこと」の2つの条件を満たすもの以外は、すべて×をつけてください。

この2つの条件を満たすTo Doは、毎日どれだけありますか？　おそらく1、2件だと思います。

ここでは練習のために1、2件だけ残すようにします。そして、それだけをやります。

ワークシート▼「Not To Do いたしませんリスト」

これを1週間続けてみてください。次のページの表に記入してくださいね。そして1週間後、どれだけ生活が回っていたか、問題はあったかをフィードバックします。

そうすると、やらなかった、手を抜いた、工程を省いたことが、意外とそれほど問題になっていないということに気がつくでしょう。

To Do	自分にしかできない？	今すぐやらないといけない？	ほかにできる人はいる？ ほかに方法はある？ 本当にやらないとダメ？	やらなかった結果、何が起こった？

＊記入の仕方
- まず、「To Do」を記入します。「洗濯物をたたむ」「冷蔵庫の中身の点検」「買い物リストをつくる」など細かくね。
- 「自分にしかできないこと」ではない場合は×をつけます。同様に、今すぐやらなくていいことにも×をつけます。両方とも×になったことはやらない。その結果、どうなったかについても記入します。
- 次に、１つだけ×がついたものに関して、「自分のかわりにできる人はいるか？」「ほかにその作業を完了する効率的な方法はあるか？」「これは本当に必要な作業か？」を検証し、対応します。
- この表は１日分です。コピーして１週間続けてね。

第4の武器のまとめ

■主体的行動に出られないのは、これまで置かれてきた環境によるところが大きい

■主体性は好奇心で育む

■これまでの自分の枠を超えて、「やりたい」を見つける

■リソースは「こなす」のではなく、本当にかけるべきところにかける

■ただやり抜くことより大切なのは、「何」をやり抜くのか

第5の武器

「オープンマインド」

柔軟性を手に入れて、新しいやり方に目を向ける

ここでは、変化の激しい時代に、変化に飲み込まれるのではなく、変化を自分らしく乗りこなすために必須のマインドセット、「オープンマインド」を身につけていきます。

□基本のリフレーム

正解は1つ

▼

リフレーム

▼

いろんな正解がある

「オープンマインド」とは

直訳すると「開いた心」になりますが、自分の中の思い込みに縛られることなく、いろんな視点から物事を見ることができる状態のことです。

たとえると、「しなやかな軸」。軸がブレているのではなく、振り幅があるということです。

しなやかだから折れない。1つの方法がダメなら、次を試してみる。

想定外のことが起こっても対応できるし、違った意見への対応もお手のもので、新しいことにもいち早く反応できる。

しなることができない弱い軸は、変化に対応できずに折れてしまうでしょう。

□オープンマインドな人の特徴

① オープンマインドな人は、自分の意見を持ちつつも、それに固執することなく、他者の意見にも耳を傾けることができるし、必要とあれば違った意見や新しい考え方を取り入れることができます。オープンマインドであるためには、思考の柔軟性が欠かせません。

② オープンマインドな人は、自分の正解にしがみつくことがないので他者を否定することなく、その存在をあるがままに受け入れることができるし、自分の正解に照らし合わせて批判・非難することなく、相手を肯定できます。まさに、多様化の時代を生きるための武器ですよね。

POINT!　「オープンマインド」という武器は、思考の柔軟性を鍛えて身につける

なぜ今、オープンマインドな柔軟性が問われるのか？

グローバル化・多様化・AI化・人生100年時代・女性活躍・ウィズコロナという激変の時代、5年後がいったいどうなっているかなど、誰にもわかりません。変化に対応できなければ、ますます生きづらくなります。

生きづらくなるくらいならまだいいですが、変化に淘汰されてしまうかもしれません。

変化が激しい社会には、混乱や喪失、迷いや不安がつきもの。それらは人生にストレスを運んできます。そこでも、柔軟性があれば対応しやすくなります。

柳のようにしなることができないと、枝もビルも折れてしまいます。これからは「しなる」ことが、もはや必須なのです。

2020年に勃発した新型コロナというパンデミックは、特にビジネスにおいてまさに柔軟性を問う試金石だったのではないでしょうか？

たとえば、レストラン。私が住むワシントンDCは、ここ最近、アメリカでもグルメの街として有名で、たくさんのレストランがあります。

コロナ後も生き残ったレストランと、消えていったレストランの違いは何だったのか？

わが家のご近所のレストランを見ていると、その違いはとても顕著でした。

生き残ったレストランは、いち早くデリバリーやテイクアウトに対応し、またオンライン販売を充実させていました。真冬の凍りつくような寒い日でも、ヒーターを設置したテラス席を作ったり、テントで囲ったりして、これまでだったら考えもしなかったような方法をどんどん試していったのです。

逆に、消え去ったレストランは扉を閉じたままでした。「そのうちまた、扉を開けるときがくる」とじっと待っていたのです。まるで道路工事でふさがった道が通れるようになるのを、じっと待っているようなものですよね。

消え去ったレストランにも、それぞれいろんな事情があったのかもしれません。ですが、これは私が周りを見渡して感じたことでした。

まさに、変化に適応できないと淘汰されてしまう時代。私たちが思考の柔軟性を発揮して、オープンマインドでいることは生き残るためにも必須なのです。

オープンマインドの鍵、「思考の柔軟性」とは

柔軟な思考ができる人とは、次の2つの作業ができる人です。

- いち早く頭を切り替え、従来のやり方を捨てる
- 新しいアプローチやほかの選択肢を取り入れることができる

「捨てる」「取り入れる」というこの2つの作業ができる人は、想定外のことが起きても、従来のやり方が機能しなくなっても、反対意見が出ても、立ち往生したりはしません。従来のやり方ではうまくいかないことを認め、「では、どうすればいいか？」と新しいやり方やほかの方法を探して、素早く問題解決に乗り出します。

そのために、つねにいろんな情報にアンテナを張りめぐらせ、人の話に耳を傾けます。想定外の事態が起こったとき、従来の方法がうまくいかないとき、こんな声かけをしている人がいるとしたら、それは思考の柔軟性の表れです。

- いつものやり方がダメなら、○○を試してみよう
- (自分とは違う意見に対して)なるほど、それもアリかもね。試してみよう
- これしか方法はないかな? ほかにもっといい方法はないかな?
- (自分の考えが一番いいと思っても)とりあえず、それも試してみようか

ちょっと想像してみてください

ここで、あなたに想像していただきたいことがあります。

あなたは、毎朝会社に車で通っています。毎日同じ時間に出て、同じルートを通り、同

じ時間に会社に到着します。

それ以外のルートを模索したことはありません。なぜなら、このルートが最も普通のルートで慣れ親しんでいるからです。安心感もあるし、何より予測がつきます。ここまでは何分、あの信号で止まったら何分のロスという具合に。

どうしてほかのルートを探す必要などあるのでしょうか？　考えたこともありません。

ある朝、同じ時間に出て、同じルートで走っていたら、突然「工事中」のサインが見えました。あなたの中に自宅から会社までのルートという正解はたった1つ。毎日慣れ親しんだルートのみです。

さあ、あなたはいったいどうするでしょうか？

工事が終わるまで、じっと待ちますか？

それとも、すぐに待つというオプションを捨て、別ルートを探しますか？

思考の柔軟性が難しい理由

そりゃあ、すぐに別ルートを探すよ、と思ったかもしれません。ですが、思考の柔軟性は「言うは易く行うは難し」のことが多いのです。なぜなら、私たちには長い年月をかけて強固になった自分の正解があるからです。

その正解でずっと生きてきたので、「本当にそうだろうか」と自問することもなく、それ以外に正解があることなど考えられないほど、「当たり前」になっているからです。

正解を持つこと自体が問題なのではありません。正解しか見えなくなることが問題なのです。

視野が狭まれば、選択肢もなくなっていきます。私たちの周りにはいろんな正解、選択肢があふれています。でも、長い間かけてでき上がった自分の正解は、目隠しとなって私たちから思考の柔軟性を奪っていきます。

そうやって、可能性と選択肢を自ら狭めていくのです。

私たちは誰だって、自分を中心に考えます。自分の意見は、いつも自分にとっての正解。ですから、どうしても自分の考えに固執しがちなのです。

でも、**思考に柔軟性がないと自分が見たいと思うもの、これまで見るように言われてきたこと、これまで見てきたものしか目に入らないし、見ようとしない。**

序章でやった黄色の実験を覚えていますか？　自分の周りにはいろんな色があふれているのに、黄色以外は見えない。

特に、何かの専門家だったり、「自分が一番よく知っている」という自負がある場合は、その傾向に拍車がかかるかもしれません。逆に、自信がなくて新しいことに触れるのが脅威である場合も、自分の正解や従来の慣れ親しんだやり方に固執しがちでしょう。

年齢とともに、どんどん自分の考えに固執するようになる、視野が狭くなる、ともいわれます。実際、経験や知見が増えるとともにそんな傾向はあるでしょうが、いつからでも**思考の柔軟性を身につけてオープンマインドになることは可能です。**

思考の柔軟性があれば、いろんな選択肢が見えてきます。そんなオープンな心だから、いろんな意見に耳を傾けることができます。

思考の柔軟性のメリット

「捨てる」「取り入れる」という思考の柔軟性があると、特に問題解決と人間関係においてたくさんのメリットがあります。

- 違った意見を受け止めることができて、多角的に物事を見ることができる
- 多角的に見ることができるから、自分の意見に固執しない
- 人の意見や情報などに抵抗なく、アンテナを広げることができる
- それが結果として創造力につながり、新しい方法や選択肢を考えるときに役立つ
- 新しい方法や選択肢を考えることができるから、逆境や想定外に強い
- 立ち往生するかわりに問題解決に向かうので、絶望的で八方塞がり的なストレスをあまり感じない

・ダメなやり方にさっさと見切りをつけられるので、素早く行動できる
・違った意見を自分への否定や批判と捉えないので、コミュニケーション能力が高い
・1つのことにこだわらないので、いろんな人と対話や協働をすることができる

柔軟な思考を身につけてオープンマインドになればなるほど、この先の道を切り拓きやすくなるような気がしませんか？

あなたの思考の柔軟度をチェックしてみよう（頭の固さチェック）

では、あなたの頭と心は、どのくらい凝り固まっているでしょうか？　次のうち、当てはまるものにチェックマークをつけてみてください。

□自分＝正解、私の意見＝正しい（自分の考え以外は認めない）

□人の意見に対して、聞く耳を持たない

□自分以外は誰も正しくないと感じる

□**自分が一番よく知っている、経験がある（自分が一番知っているという自負・プライド）**

□自分の知識の中だけで考える（ますます自分の正解に固執する）

□この商品のことを一番よく知っているのは私だと思う

□**〇〇するべきだから、××はできない（従来の方法に固執）**

□「マニュアルに書いてないからダメです」

□「前例がないからダメです」

□「うちはこのやり方です」

□**新しいアイデアに対して、「私にはわからない」と否定（好奇心の低下で、新しいことに興味を持たない）**

□「もしわからなかったら」というプライドが邪魔して、新しいことを試さずに否定

□「わからないから私はこのままでいい」
□「面倒だからいいの、このままで」

□1か10か、白か黒か（交渉の余地がない）
□「私か、あなたか」
□中間がない
□譲ったら負けだと思う

□断定的な言葉を使う（余白を残さない）
□「絶対ありえない」
□「100%、無理です」
□「それは間違いです」

さて、いくつ当てはまりましたか？　もし全部当てはまったとしても大丈夫。20～30代の頃のコーチ重子も全部当てはまっていましたから。

新しいことを受け入れるのは難しいと感じますよね。だって、これまでの自分がダメだったような気がするし、そもそも変わることが面倒とか思ってしまいますから。

でも、大丈夫。ここで紹介するシンプルなスキルを実践すれば、誰でも変われます。

「思考の柔軟性がない」って頑固ってこと？　それって悪いこと？

思考の柔軟性のない人は、時に「頑固な人」といわれます。では、頑固は悪いことなのでしょうか？

私は、**自分にとって決して譲れないことに関して頑固なのは、ブレない自分軸にとって大切なことだと思います。**

でもそんなときでも、「違う意見を聞く」姿勢は重要だと考えています。他者の意見に耳を傾け、新しいことに脅威を感じるのではなく、興味を持ちつつそれらを熟考したうえで、「やっぱりこのままいく」という頑固さは全然アリなのではないでしょうか？

思考の柔軟性ゼロ！　1つの正解にしがみついていた私

□私はこのままで大丈夫

これは私がギャラリーをやっていたときの話ですが、毎年インターンの学生2、3人にギャラリーのお仕事を手伝ってもらっていました。みんな10代ですから、とにかく新しいテクノロジーにくわしい。

そのたびに私は、「これまでこうやってきたからいいわよ、これまでの方法で」と言っていたのです。まさに柔軟性のなさ！ですよね。

インターンをはじめ、アート業界の人のほとんどがデザインのしやすさなどの理由からMacを使っていたときも、「私はWindowsしかわからないから、これでいい」とずっとWindowsを使っていました。「Macの方が簡単だし、重子さんでも使えるから」と何度言われても、新しいことを覚えるのが面倒で買い替えませんでした。

でもある日、思い切ってインターンの学生にやり方を見せてもらったら、思ったよりずっと簡単に使えることに気がつきました。数年かかりましたが、Macに買い替えました。おかげで、インターンやほかの業界の人との仕事がよりスムーズに運ぶようになったのです。

子育てにおいても、私の頭の固さが目立ちました。「私の言うようにやって」「私が一番知っているんだから」「そんなやり方は知らないからダメ」――いま思うと、柔軟性のない発言の見本市のようでした。

□日本ではこうなのに

それからもう1つ。アメリカに来た当初、私の口癖は「日本ではこうなのに」でした。日本でのやり方を、あらゆるところで通そうとしていたのです。そして、うまくいかないたびに「なんでわかってくれないの？」と不満たらたらでした。

で、また同じことを繰り返す。新しい方法を身につけるというよりも、何とか自分が慣れ親しんだやり方を通そうとしたのですね。だから、ますますいろんなことが進まない。

エピソードはまだまだありますが、柔軟性に欠けていることの最大のデメリットが1つあります。何だと思いますか？

それは、**1つの正解に凝り固まることで、時間が止まってしまう**ということです。自分の知っている範囲だけで行動するから発展がない。自分という人間の成長がないのです。

その間も周りは確実に前進、進歩していますから、どんどん取り残されていきます。

自分の「頭カチカチストーリー」を書き出そう

ここでちょっと、ワークをしてみましょう。あなたの中にも思考の柔軟性がなくて、立ち往生した思い出があると思います。ちょっと思い出して、書き出してみましょう。

どうですか？　書いてみて。
ちょっと笑えませんか？

そう、思考に柔軟性がないときの行動って、振り返ってみると結構笑えるものなんです。

オープンマインドはゲーム感覚で、楽しく遊ぶように柔軟性を鍛えて育む

オープンマインドになることは、もしかしたら最も難しいことかもしれません。なぜなら、これまでの自分の正解に挑戦することでもあるからです。そして、ほかの正解も認め

ることでもあるから。

だからこそ、ここは楽しんで育んでいきましょう。あまり「真面目」に取り組もうとすると、それだけでハードルが高くなります。それよりも、笑いながら身につける方がもっと効果的です。

なぜなら、私たちの心は笑っているときに自然と開放的になるからです。そんなときこそ、新しいアイデアを取り入れやすくなります。

「第5の武器」の習得法

第5の武器「オープンマインド」の習得は、お勉強ではなく「楽しく実践」が鍵です。

真面目に勉強するから
身につく

▼

リフレーム

▼

楽しく遊ぶように
実践するから身につく

さあ、それではここから「捨てる」「取り入れる」という思考の柔軟性で、オープンマインドな心を身につけていきましょう。

鍵は、いかに早く従来のやり方を捨て、新しい方法や別のやり方に目を向けて取り入れることができるかにあります。

質問 13

いつも自分が正解じゃないと気がすまない？

POINT ! 自分一人で考えつくことなんて、たかが知れている

なぜ今、多様性が尊重されるのか？　そこには「インクルーシブ」（包括性）な側面もありますが、もっと重要なのは「違った意見、視点が集まることで最適解が見つかる」ことです。

自分一人で考えつくことは、自分の知識と経験の中でつくられたこと。いわば、自分一人の狭い世界。そこにいろんな視点が入ってきて、自分でも知らなかったことや考えつかなかった要素が取り入れられるようになります。

こうして、一人では到底たどり着けなかったような答えにたどり着く。

他者の意見を認めるのが難しいときもあるかもしれません。ですが、プライドが傷ついたなどと言っている場合ではありません。

目的は、自分らしいキャリア構築という夢をかなえることですから、それを邪魔するプライドなんて、さっさと捨ててしまいましょう。

そして、「他者の意見を聞いて、良いところは取り入れられる自分」に新たなプライドを持っていくのです。このマインドセットが思考の柔軟性を身につけやすくします。

□人生は勝ち負けではない

柔軟性を取り入れる1つの大きな鍵は、勝ち負けで物事を考えないことではないでしょうか？　間違えたら「負けた」と思うし、いつも自分が正しければ「勝った」と思える。

私たちは一人では生きていけません。あらゆるコミュニティの一員として生活しています。そこではいろんな形態の対話が発生します。たわいもない日常会話かもしれないし、問題解決かもしれない。

そこで柔軟性がない人は、どうしても自分の考えを通そうとします。そうして勝つか負けるか、1か10かになっていきます。

人は誰しも、負けるのは好きではありません。ですが、人の意見を聞くことは「負ける」ことではありません。自分を成長させる学びの機会でもあるのです。

自分の意見を押し通すことは、「勝つ」ことではありません。それが必要なときは、アメリカ大統領選のディベートのときくらいじゃないでしょうか？　もしくは裁判くらい。

「自分だけが正解じゃない」を徹底させるために、ここでは「クリティカル・シンキング」の考え方を応用します。そして、思考の柔軟性を高めていきます。

STEP 1 気づき ▼ 自分だけが正解じゃないかも？

自分の意見は、いつだって自分にとっての正解。でも、ほかの人の意見はその人にとっての正解。たとえそれが、自分にとっては正解ではなくても。

STEP 2 肯定 ▼ **意見は所詮《しょせん》、意見。意見は、いつだってその人にとっての正解。だから、人の数だけ正解があっていい**

自分の正解も違う正解も肯定します。

STEP 3 決断 ▼ **相手の意見に耳を傾けて、賛同できなくても肯定しよう**

自分にとっての最適解を見つけるために、こんなマインドチェンジが有効です。

自分だけが正解

▼

リフレーム

▼

正解は人の数だけある

STEP④ 行動▼あえて意見の違う人と対話して自分に挑戦する

クリティカル・シンキングで疑問を持ち、自分だけが正解でなくてもよいという思考の柔軟性を鍛えるために、ぜひともあえて意見の違う人と対話してみてください。

意見の違う人と話をすることは苦手だという人が多いのではないでしょうか？　ですが、実はそこに大きな発見と学びがあります。

その意見が自分にとっての正解である必要はまったくないけれど、「そんな考え方もあるんだ」と自分の中にはない視点を得ることができます。

「私もそう思います」という同調はいらないし、「それは間違っている」という否定も必要ありません。

思わず相手の意見を正したり、勝とうとしてしまったり、時に口ゲンカに発展してしまいがちですが、そこはグッと我慢して「なるほど」と肯定します。

思考の柔軟性の第一歩は、相手や違う意見を否定しないこと。そして、「どうしてそう考えるのだろう？」と相手に興味を持つこと。まずはここから始めましょう。

質問
14
「知らないこと」は恥ずかしいことですか？

POINT!
思考の柔軟性を鍛えるには、謙虚であることも大切。思考の柔軟性を身につけやすくする謙虚さと感謝のマインドセットを整えます

もう1つ、思考の柔軟性を身につけやすくするマインドセットを整えていきます。「知らないことは恥ずかしい、わからなかったら恥ずかしい」と思ったり、「自分が一番知っている」と自負することは、新しいことに興味を持つ気持ちを萎えさせます。

このマインドセットを変えることが、思考の柔軟性のハードルを下げてくれます。

「知らない」ことは恥ではありません。「わからない」ことは無能の証明ではありません。

私たちは世の中のどれだけのことを知っているというのでしょうか？　おそらく、知らないことが99％なのではないでしょうか？　たった1％の狭い知識や経験で生きているとしたら、「知らない」「わからない」なんて当たり前のことだと思えませんか？
そんな気づきも、私たちをオープンマインドにしてくれます。

こんな思考の柔軟性の訓練のために、やったことがないことをやってみましょう。初心者になると、「自分は一番知っている」とは真逆の状況に自分を置くことになります。

そこでは、思考の柔軟性にとって、好奇心以外の大切なある要素を育むことになります。それは、謙虚さです。

もしかしたら、自分が一番年上かもしれない。なのに、一番の初心者――そんな環境では、技術の上達や習得のために、自然と他者の意見を聞く姿勢が求められます。

謙虚だからこそ、自分だけが正解だとは思わないし、他者の意見にも学ぶことがあるだろうと思えます。新しいことをするのは、謙虚であることの大切さを実感する行為でもあるのです。

前提を、「知らなくて当たり前」にリフレームすると心を開きやすくなります。それなら、知らないことは恥じゃないし、やってみてわからないのは初めてなのだから当然だと思えてきますよね。
こう考えると、新しいことを試すハードルがぐっと下がると思います。

STEP❶ 気づき ▼ 知らないことがあってもいいのかも?

STEP❷ 肯定 ▼ 知らないことがいっぱいあるのは普通、当たり前のこと

STEP❸ 決断 ▼ 何でもかんでも知っている必要はない。知らないことは、調べたり学んだりして知ればいい

知らないことは恥ずかしい

▼

リフレーム

▼

知らないことがいっぱいあるのは当たり前

前章で探した「やりたいこと・好きなこと」の中から、一番やりやすいことを選んで試してみてください。

もしどれもハードルが高い場合は、次のようなことが新しいことを始めるきっかけになるかもしれません。

まずは、どれか1つのことを始めてみましょう。そして、何を学んだか、初心者になってどう感じたか、すでにできる人を見てどう感じたか、自分の学びに対する誰かの意見やそれに対してどう感じたか、どんな対話をしたかなどをノートに書き留めます。

そして最後は、「新しいことを学べたことに感謝」で締めくくります。この謙虚さと感謝の気持ちが、柔軟に考えるマインドセットをつくっていきます。

- ボランティア
- 茶道、花道などのお稽古
- 語学学校に体験入学

・ネットで同じ興味を持つ人とつながる
・資格の勉強
・アマチュアスポーツチーム
・社交ダンスを始める
・ジム
・マラソンのトレーニング
・犬の散歩

ちなみにコーチ重子は、最近あることの初心者になりました。まったく知らないことを始めたのです。

それはスペイン語です！　まだ「オラ」くらいしか言えませんが、最高に楽しいです。知らなくて当たり前なので、「ぜひ教えてください」という謙虚な気持ちでいっぱい。

そして、「知らないことがたくさんある状態」を楽しんでいます。

質問15 自分の意見よりいい意見が出たら、プライドが傷つく？

POINT！ **「シックスハット法」という思考法をもっとシンプルにしたスキル。1つの物事を4つの違った視点から見つめることで、優劣を競うのではなくいろんな発想をしやすくします**

マインドセットを整えて思考の柔軟性を身につけやすくしたあとは、発想の広げ方を身につけて選択肢を考えやすくします。

私たちが自己中心的な考え方をしてしまうのは普通のこと。だからこそ、放っておくとそれだけが正解となって、どんどん考え方が凝り固まっていきます。

普段からいろんな視点で物事を見る練習をすることで、思考が固くならないようにしましょう。そうすることで、複数の選択肢も考えやすくなります。

STEP❶気づき▼視点は1つじゃないのかもしれない
STEP❷肯定▼自分の視点とは違う視点があっていい
STEP❸決断▼1つの物事を多角的に見てみよう

1つの視点
▼
リフレーム
▼
多角的視点

STEP❹行動▼「BYBSな4つの視点」スキル

まずは、あるものごとに対して自分の意見をつくります。
次に、この4つの視点から眺めた意見を書き出します。
視点①　肯定：その意見を肯定します。

視点②　否定：その意見を否定します。
視点③　中立：肯定・否定のそれぞれのPros & Cons（良い点と悪い点）を探ります。
視点④　革新：肯定でも否定でもない、まったく新しい意見を探ります。

このスキルの良いところは、1つの意見に対して自分で賛成・反対意見、それぞれの良いところ・ダメなところ、全然違うアイデアというように、思考を巡らせることです。

このスキルで選択肢を考えやすくなることも大きなメリットですが、もう1つのメリットは**自分に反対意見を出す人の気持ちもわかるようになること**。

そうすると、反対意見が出たときに一瞬の間をつくることができて、自分とは違う意見も「確かにそんな見方もできるな」と俯瞰的に見ることができるようになります。そんなとき、私たちは優劣以外のことに価値を認めることができるようになります。

一人でもできるこのトレーニング、ぜひゲーム感覚で楽しんでくださいね。自分が発想の転換ができたことに驚くのではないでしょうか？

柔軟な思考の訓練も、いきなり「さあ、やって」と言われると立ち往生しますが、このように肯定・否定、両者の良し悪しというプロセスを踏めば、意外といろんなことが見えてくるものです。では、ちょっとやってみましょう。

（例）「整理整頓には断捨離が一番」

まずは、この意見を自分の意見として肯定します。
そこから今度は、否定的な意見、中立的意見、新しい意見を出していきます。

- 視点①　肯定：整理整頓には断捨離が一番。
- 視点②　否定：断捨離はよくない。
- 視点③　中立：断捨離の Pros：限られた空間を有効に使える。
  断捨離の Cons：まだ使えるものを処分するのはもったいない。思い出を手放すのは寂しい。あとで必要になるかもしれないから、取っておく方がいい。
- 視点④　革新：トランクルームにいま必要のないものを一定期間預ける

では、次の例ではどのように考えますか？

（例）「子どもは親元で育つのが一番」

質問
16
何とおりの物の使い方を考えられますか？

POINT❗ **従来の方法に、新しいやり方を取り入れていきます**

マインドセットを整え、選択肢の広げ方を学んだあとは、実際に思考の柔軟性を鍛えていきます。

STEP❶ 気づき ▼ **使い方はこれだけじゃないのかも**

STEP❷ 肯定 ▼ **使い方はほかにもある**

STEP❸ 決断 ▼ **いろんな使い方があっていい**

STEP ❹ 行動 ▼「これ何に使う?」スキル

身の回りにあるものを持ち寄って、本来の使い方以外に何とおりの使い方が考えられるか挑戦してみましょう。

(例)

・アイマスク↓
コロナ禍でマスクが流通していなかったアメリカで、アイマスクをマスクがわりにしている方がいました。

・帯揚げ↓
スカーフがわりにしている男性がいました。意外とオシャレでびっくりです。

・セロハンテープ↓

空気を遮断する特性を応用して、蚊に刺されたときのかゆみ止めになります。

普段以外の使い方を考えることから、「従来のやり方を捨てる」「新しい方法を取り入れる」を実感してください。

第5の武器のまとめ

- 私たちが自己中心的に考えるのは普通のこと
- 思考の柔軟性を身につけるには、物事を勝ち負けで判断しないことが重要
- 思考の柔軟性を身につけるには、謙虚さと感謝の気持ちが必要
- 思考の柔軟性は、変化に適応するために必須のスキル
- 思考の柔軟性は楽しくゲーム感覚で身につけるのが大事

第6の武器

「共感力」

巻き込む力を育み、「応援される自分」をつくる

私が自分らしいキャリアを構築していこうと思った当初、実は全然応援してもらえませんでした。まさに、一人の戦い。何を言っても「へえー」「そうなんだ」「まあ、がんばって」くらいの反応しか返ってきませんでした。

なぜ私は応援されなかったのか？　答えはここにあります。

ここでは、コミュニティの一員として生きる自分のポテンシャルを最大に発揮するための思考と行動の新習慣を身につけていきます。

□基本のリフレーム

人に迷惑をかけない

▼

リフレーム

▼

人の役に立つ

POINT！ キャリアは応援団がつくると言っても過言ではない

人生100年時代は、「利己+利他」でキャリア構築を考える

私たちは、人とのつながりの中で生きていく社会的動物です。だからこそ、自分の行動が自分留まりなのではなく、誰かのためになって社会とつながって生きていくことが幸せのために大切なのです。

「自分を見失っている」と感じるとき、「やりたいことがわからない」という気持ちのほかに「社会から取り残されている」気がしませんか?

社会との接点が感じられないと、私たちは自分の存在の意味までわからなくなります。

そして、そんな人生が延々と100年も続くとしたら?

だからこそ、人生100年時代のキャリア構築も「自分留まり」ではなく、社会とのつながりの中で考えていく必要があるのです。自分が本当に幸せを感じるキャリア構築のためには、この両方が必要なのです。

自分が本当に幸せを感じる生き方とは、コミュニティの一員として、自分が役立っていることを感じられる生き方だと思っています。

そこで必要になるのが、「利己」と「利他」の視点です。

今あなたは、自分が本当に幸せを感じるキャリア構築をしたいと願っています。そのために、まずは「自分は何のために生きるのか」「自分はどうしたいのか」に向き合う必要があります。

そして次に、コミュニティの役立つ一員として生きていくためにはどうすればいいかについても、ぜひ向き合っていただきたいと思います。

自分を大切にして、自分の意見を持ち、自分を主張して、自分で決めて、人生の主導権を握り、自分の「やりたい」を見つけてとにかく行動して、柔軟に問題解決してやり抜いていく。

これに加えて、みんなで一緒に正解のない問題の最適解を見つけ、より幸せで明るいサステイナブルな社会を築いていく一助となる。

利己を満たすだけではなく利他をも満たすことで、一歩上の幸せと成功を感じるキャリア構築を目指してほしいと思っています。

キャリアは自分一人のためにあるのではない。多くの人とかかわって一緒に生きていくのが人間というものだからこそ、コミュニティの役立つ一員としてのキャリア構築を考えることが大切なのです。

そうやってあなたに巻き込まれていく多くの人が、あなたのキャリアをつくっていく。あなたがつくり上げるたくさんの点をつないで、あなたというキャリアをより大きなものにしていくのはそんな人たちです。私はそう考えています。

序章での「本書の使い方」の真意▼本書が本当に目指すこと

序章の「本書の使い方」で、「第1から第5の武器までは、どこから始めても大丈夫。自分に必要だと思うところから始めてね。でも第6の武器は必修。そして、決して第7の武器から始めないこと」と言いましたが、その真意はここにあります。

本当にこうなりたいというキャリアを構築していくために、本書の第1から第5の武器までは「自分の非認知能力を高めること」にフォーカスしてきました。この第6の武器では、**「他者、社会に対する非認知能力を高めること」**にフォーカスしています。

どんなときも自分の道を切り拓くためには、利己だけじゃ足りない。利他の視点も必要。これからのキャリア構築には欠かせない視点です。

そして、本書がほかのキャリア本と一線を画すのは、通常のキャリア本は構築の仕方という実際のやり方、いわば「何」から入りますが、本書ではそれが「第7の武器」で最後にくるという点です。

それはなぜか?

実際の構築の仕方という「何」は重要ですが、それよりもその「何」を使う「誰」を、まずは鍛える必要があるからです。「何」を理解する以上に、使う人が「何のために」その「何」を使うのか、どう使うのか、が大切だからです。ですから、本書で鍛える1から6までの武器は、「誰」をつくるためのものなのです。

では、「誰」がその知識を使うのでしょうか？

自分の価値を認める自分が使うのか？　他人の目を気にして自信のない自分が使うのか？

自分のためだけに使うのか？　自分以外の誰かのために使うのか？

自分にとって本当に意味のある夢を見る自分が使うのか？　何となくみんながやっているから自分が使うのか？

同じ「何」でも、「誰」がどう使うのかによって、結果はまったく違ってきます。

利己留まりのキャリアなのか、それとも自分以外の誰かのためにもなる大きなキャリアなのか。

自分以外の誰かのためにもなるとき、人は手を差し伸べます。八方塞がりだと思ったときに、道が開けます。

激変の時代に、従来の「一人型」キャリア構築は通用しない

安定した社会では、キャリアを「一人」で築くことも可能だったかもしれません。道は自ずと開いたかもしれません。何しろ、成功のレールが存在していましたから。人より勉強して、人よりいい点数を取って、人よりいい学校に合格して、人よりいい会社に入って、出世街道に乗る。

そうして待っているのは、年功序列、終身雇用、定年退職、悠々自適の老後でした。

ですが、最後にそんな言葉を聞いたのはいつのことでしょうか？　従来の幸せと成功のレールはもはや崩れています。そして崩れた今、私たちはまったく別の時代を生きています。

そこでは、従来のように一人でキャリアをつくっていくのは難しいのです。道が自ずと開けるということもないでしょう。

そんな社会では、ますます情報を与えてくれる人、人を紹介してくれる人、心を支えて

くれる人、やり方を見せてくれる人、失敗を共有してくれる人、やり抜けるように声をかけてくれる人など、いろんな応援が必要です。

応援される自分になったとき、一人では思ってもみなかったようなキャリアを構築できていることでしょう。

「第6の武器」を身につけて、応援される自分をつくりましょう。

では、応援される自分になるために必要なことは何か？　それは、人に思わずあなたを助けたい、応援したいという思いを抱かせる「巻き込む力」です。

他者を巻き込むために必要なこと①▼自分以外の「何のため」という利他の精神

人は「あなた」を応援するのではありません。

あなたが「何のため」にやっているのか、「何のため」にやりたいのか、を応援するのです。自分以外の誰かのためになる「何のため」を「助けたい」と思うのです。

たとえば、「有名になりたいんです」「お金持ちになりたいんです」「偉くなりたいんです」という人をあなたは応援できますか？

どうでもいいと思いませんか？　そういう利己的な、その人しかいい思いをしない「何のため」って。だって、その人が成功しようが失敗しようが、自分には関係ありませんから。

では、「誰かに迷惑をかけなければいいんでしょう？」という人をあなたは応援できますか？

「まあ、勝手にやってよ」くらいにしか思えませんよね。

人はあなたの個人的な成功ではなく、あなたのやることが何らかの形で誰かを助けることになる、社会を良くすることになるというとき、それが自分ごととなり、応援したいと思うのです。

誰かに応援されるためには、自分以外の利他な「何のため」が必要です。

あなたの中にある自分以外の「何のため」が、みんなを巻き込んでいくのです。

他者を巻き込むために必要なこと②

▼「人に迷惑をかけない」から「人の役に立つ」へのマインドシフト

244ページのリフレームでもご紹介しましたね。

「人に迷惑をかけない」って、結局、自分の行動が自分にしか関係しないということです。つまり、独りよがりなのです。

でも、「人の役に立つ」行動は自分の幸福度も高まるし、社会をより良くするので自分の行動を応援してくれる人も出てきます。

これまでの日本の教育、そして子育てでは、「人に迷惑をかけない」ことがとても大切でした。「どんな子に育ってほしい？」という質問に、「人に迷惑をかけない大人になってほしい」と答える親御さんはたくさんいるでしょう。

私はアメリカで子育てをしましたが、実は一度も「人に迷惑をかけない大人になってほしい」と聞いたことがありません。

「人の役に立つ大人になる」というフレーズは、Be a change agent, What can you do for others? など至るところで聞くのですが、その対極にある「人に迷惑をかけない大人になる」って（あえて英語に直すとDon't be a trouble maker? になるでしょうか）、そんなことを言って子育てをしている親を見たことがありません。

グローバル社会では、より良い社会を築いていくために、「社会に役立つ人になるためにどうするか？」の方にフォーカスされているのです。

「利己＋利他」の精神を持った、役に立つ人ってどんな人？

たとえば、パティシエになりたいとします。

「甘いものが好きだから、パティシエになりたい」のか、

「家族を笑顔にするケーキを作りたい」「小麦アレルギーの子も安心して食べられるお菓子を作るパティシエになりたい」のか。

たとえば、本が好きだとします。

「本が好きだから書店で働きたい」のか、

「推理小説好きの人が話題の書を見つけやすいようなコーナーを作りたい」のか。

たとえば、美容師になりたいとします。

「どこに行っても働けるから美容師になりたい」のか、

「髪が薄くなってきた女性が美しさを感じられるように美容師になりたい」のか。

たとえば、ファッション関係の職につきたいとします。

「ファッションが好きだから、どこかのブランドで働きたい」のか、

「敏感肌なので、同じ悩みを持つ人も安心して着られるブランドで働きたい」のか。

たとえば、ライフコーチだとします。

「勤務時間が自由で在宅でできるからコーチを選んだ」のか、

「女性の幸せと子どもの非認知能力の育成に貢献したいから選んだ」のか。

たとえば、趣味をいつか仕事にしたいとします。

「絵を描くことが好きなので、いつかこれで食べていきたい」のか、

「大好きな絵で子どもたちが自由に表現する手伝いをしたい」のか。

たとえば、医者になりたいとします。

「一番入るのが難しいのが医学部だから、医者になりたい」のか、

「病気で苦しむ人を助けたいから、医者になりたい」のか。

このように考えていくと、利他の精神も役に立つ人になることも全然難しいことではないのです。**これまでの自分の夢に、「自分以外の誰かのために」という視点を取り入れればいいだけです。**

「第5の武器」で手に入れた柔軟な思考を使えば、今すぐにでもできることです。
では、前記の例を参考にしながら、以下の空欄を埋めて練習してみてくださいね。

□「○○をしたい＋何のために？」

ボーク重子のキャリアをつくったのは応援団

私がこれまで20年近く社長をやってきて思うのは、キャリアとは自分でつくっているようで、自分ではつくっていないということです。私がやってきたのは、目の前にあったありとあらゆることをとにかくやる。そして経験、知識、人脈という点を増やしていく。それだけでした。

毎日2時間近く、時事問題、芸能からカルチャーまでいろんな記事に目を通し、毎晩クライアントや友人たちのイベントに顔を出し、アート関係の社会貢献活動をし、頼まれた仕事はほぼすべて受け、つねに120％のWOW（期待された以上の結果）で応える。失敗したり、迷惑をかけたら、必ず「成功」という点に変えるまでやり抜く。

それらの点がつながって、今の私がいます。つながらなかった点もありますが、そんな点も私に経験という財産をくれました。

そして、点をつないでいったのは、私のようでいて実は私ではないのです。

「重子が○○のためにこんなことやってるよ」「ちょっと助けてあげて」「こんな人がいるから会ってみたら？」「あの人に話しておいたよ」という具合に、周りがどんどん点をつなげてくれたのです。それも主体的に。

自分らしいキャリア構築を目指して「美術館のはたきかけ」から始めて、4年後にとうとう自分のギャラリーを開いたのですが、2004年3月半ばのギャラリー初日に、ちょっとでも雪が降るとすべてがストップするワシントンDCで季節外れの大雪が降りました。

「あー、もう誰も来ない……」と絶望的な気持ちに襲われました。だって、やっとオープンに漕ぎ着け、日本からアーティストが来ているのにお客さんが誰も来ないだなんて……。

申し訳なさと力不足を感じて、本当に悲しくなってしまいました。

でも、夜6時のオープンになったら、普段はピンヒールしか履かない女性たちが100人以上、「来ないわけないじゃない!」と長靴で来てくれたのです。

膝から崩れ落ちそうなくらいうれしかったし、何だかほっとしました。そして、本当にもう感謝の気持ちでいっぱいだったのです。

そうして、13点あった作品はその夜のうちに完売しました。

絵が完売したのは、彼女たちがお客さんを連れてきてくれたから。こうして、たくさんの人がアジア現代アートを通して今のアジアを感じる機会を得ることになりました。

お土産物屋さんで買うような掛け軸やぬいぐるみではない、欧米を圧倒するようなパワーとテーマとテクニックとメッセージを持った今のアジアを知る機会を。

２００４年当時は、そんなアートを見せているのは私のギャラリーだけでしたが、２００６年ごろにはワシントンDCのほかのギャラリーでも、どんどんアジアの現代アートを売るようになっていきました。

こうして、ワシントンDCに新しいものを紹介したことが評価されて、２００６年にオバマ元大統領（当時、上院議員）やワシントン・ポスト紙の副社長らと一緒に「ワシントンの美しい25人」に選ばれたのです。

私のギャラリーShigeko Bork mu projectは、その後も著名なコレクターや政府高官のご家族、美術館など数々のVIPを顧客に抱え、ワシントン・ポスト紙のアート欄の常連になり、主要なアートの雑誌でも取り上げられる、アメリカでもトップのギャラリーの仲間入りをしました。

私はこれを全部、一人でやり遂げたのでしょうか？　いいえ、全然。

ギャラリー運営の経験がまったくなかったときに、私の「何のため」に共感して私を信じてまかせてくれたアーティストたち、購入してくれたコレクターたち、お客さんを紹介してくれた友人たち、展覧会初日を一緒にしてくれたジョージタウンのほかのギャラリーオーナーたち、美術評論家たち、展覧会を企画してくれた美術館やキュレーターたち、そして欧米の顧客とアジアのアーティストに対応するために24時間体制で仕事をしていた私を支えてくれた家族……。

アジアのエネルギーと美しさを紹介するという私の「何のため」に共感して、**私を信じて応援してくれた人たちがいたからこその私のキャリアです。**

だから、私のキャリアは私がつくったとは思っていません。というか、思えない。こんなふうに、私を応援してくれるたくさんの人がつくり上げてくれた。そう感じています。

50歳を機に転業したコーチングと執筆活動に関しても同様です。本当にたくさんの応援団がBYBSコーチングの「女性の幸せと子どもの非認知能力にコミットして明るい未来をつくる」というミッションに共感してくれて、手を差し伸べてくれています。

140名のBYBS非認知能力育児コーチ+1という仲間もいます。

私一人では到底、考えもしなかったつながりをつくってくれた周りの応援団。私の「何のため」に共感してくれたたくさんの人が応援してくれたからこその私のキャリアなのです。

だからこそ、私は120%のWOWで走り続けることができています。毎日、感謝の気持ちとともに。

さあ、ここからは「一人型」キャリア構築がもはや現実的ではない変化の激しい時代に、幸せと成功を感じるキャリア構築のために必要な「応援される自分」をつくっていきましょう。

応援される自分になるために必要なのは、利他の精神とコミュニティの役立つ一員というマインドシフトだとお話ししましたが、その鍵となるのは「共感力」です。

巻き込む力の鍵、「共感力」とは

共感力とは、他者の立場に立って思いやる力のことです。この力があるから私たちは、「困っていそうだな」「何かできることはないか」「もっとこんなふうだったら、みんなが助かるのではないか」などと、自分以外の誰かを思いやることができます。

巻き込む力のある人は、自分のことだけではなく、他者の気持ちや立場に寄り添える共感力にも長けているといわれています。

共感力のある人、ない人の特徴

まず、共感力のない人の特徴を見てみましょう。

- **自己中心的（自分さえ良ければいい）**

・他者への関心が薄い（人に迷惑さえかけなければいい）

言うまでもなく、これでは独りよがりで応援されないですよね。

では、共感力のある人にはどんな特徴があるのでしょうか？

・人の話をじっと聴く
・他者・いろんな物事への関心がある
・喜怒哀楽、いろんな経験が豊富
・共通項を探すのが上手
・相手の立場や感情を認識して寄り添うことができる

こんな特徴がある人だからこそ、自分以外の誰かについて思うことができます。そんな人が自分のためだけではなく、自分以外の誰かのためにも「〇〇したい」と言ったら、応援したくなりませんか？

幼稚園児に学んだ共感力のある夢の見方

35歳のときに人生を変えたいと思って、主体的な行動に出た私。そのときにした就職活動は全滅でした。

そこでたった1つ残った美術館の「はたきかけのボランティア」からキャリアをスタートしたのですが、「ギャラリーを開く」という私の夢は、当初は1人の戦いでした。

「ギャラリーを開きたいんです！」と行く先々で自己紹介していた私がその夢をかなえたい理由は、自分を証明することにありました。

アメリカの首都で無視されたような、いてもいなくてもいいような存在に感じていた自分の居場所をつくりたかった。成功して尊敬される人になるんだ！　お金持ちになるんだ！　そんなふうに思っていました。

「自分のために夢をかなえる」。それのどこが悪いんだろう？　全然悪くない。

でもこれって、夢がかなってもいい思いをするのは私だけなのです。

そんな夢に人は共感しません。「だから何？　どうでもいい」、私の夢を聞いた人はきっとそう思ったことでしょう。どうりで反応が「ふーん」「へー」「いいね」で終わっていたわけです。

どんなに熱く語っても、そんな反応しか返ってこないのですから、まさに孤軍奮闘ですよね。

ですが、娘が幼稚園に通うようになって、まったく新しい視点に出会って考えが一変したのです。まさに、前の章でやった「視点を増やす」ですよね。

それも、教えてくれたのは4歳の幼稚園児たちでした。

ある日、アートのクラスのお手伝いに行ったときのこと。先生が、「みんなは幼稚園の近所の人のために何ができるかな？」と質問したのです。

そこに子どもたちが、いろんな意見をあげていきます。「近所の子どもたちもプレイグラウンドを使えるようにする」「一緒に遊ぶ」など。

ハッとさせられました。自分だけがよければいい夢の見方もあるけど、みんなが一緒に幸せになるような、自分がやることが誰かのためになるような夢の見方もあるんだ、と。

そこから、私の自己紹介の仕方が変わりました。


「あまり知られていない今のアジアのエネルギーと美しさを紹介するために、アジア現代アート専門のギャラリーを開きたいんです」。


アメリカに来て感じた、欧米に比べて低く見られがちなアジアのポジション改善に貢献したい、それがギャラリーを開きたい理由になりました。

そこからです、いろんな人が私の話に耳を傾けてくれるようになったのは。

同じような不満を感じている人、自分も何とかしたいと思っていた人、アジアでそんなことが本当に起こっているのかと興味を持った人、アジア系とつながりがある人、アジアと仕事をしている人など、いろんな人がいろんなところに共感してくれて、私の周りには応援団ができはじめました。

「第6の武器」の習得法

相手の立場に立って考え、気持ちや状況に寄り添えることはコミュニティの一員として非常に大切な能力ですが、他者を巻き込んでいくためには共感力の方向性も重要です。巻き込む力には、「相手に共感する」という自分から相手、次に「相手に共感される」という相手から自分の双方向の共感が必要になります。

そのために、まずは自分が相手に共感する。そこで相手は「あー、この人はわかってくれた」と感じます。そして、好感や信頼という感情が芽生えます。

好感を抱けない人や信頼できない人を、そもそも応援なんてできませんから、まずは相手に好感や信頼を持ってもらうためにも、先にこちらが共感することが大切です。

そしてその後で、相手があなたの「何のため」という話を聞いて巻き込まれていく。そして、主体的にいろんなことをしはじめる。

応援されるためには、この2ステップが必要です。

ステップ1：
相手に共感する

▼

その結果：
相手から好感・信頼を得る

▼

ステップ2：
相手から共感してもらえる、応援してもらえる

思考の書き換えの鍵は、「共感する力＋共感される力」の2ステップで育むことです。

質問
17

あなたが「いいなあ」と思えない人の話を聞きたいですか？

POINT!

応援してもらうには、話を聞いてもらう必要がある。そのためには、クリアするべき前提条件がある。それは好感度

応援してもらうには、共感される以前に、まず好感を持たれることが重要です。

会ってすぐに「うわー、嫌だ」と思うような人の話を聞きたいと思いますか？ 応援したいと思いますか？ 共感されるためには、まずは「この人の話を聞いてみたい」と思ってもらう必要があります。好感度が高ければ、「聞いてみたい」と思ってもらえる確率は非常に高まります。

ではどうするか？　これに関しては面白い研究結果があります。

実は、コミュニケーションはあなたが部屋に入った瞬間、何かを言う前から始まります。そして最初の7秒で第一印象がつくられ、その後の対話は自分の第一印象を確認するために行われるといいます。

ですから、勝負は最初の7秒。しかも、「メラビアンの法則」によると、言葉で伝わるのはたった7％。それ以外の93％は、非言語のコミュニケーションで伝わるのだそうです。それは、見た目、ボディーランゲージ、声のトーンや話し方など感覚的なことです。

相手に応援されるためには、最初の7秒で好印象を与えるのが大前提になってくるのです。

STEP❶ 気づき ▼ 好感度って大切なのかも

STEP❷ 肯定 ▼ 応援されるためには、好感や好印象に気を配ることも大切なんだ

STEP③決断▼共感されるためにも、好感度を高めよう

何を言うかが大事
▼
リフレーム
▼
口を開く前に勝負は決まる

STEP④行動▼共感される土壌をつくるための「BYBS好感度アップ3ステップ」

私が主宰しているBYBSコーチングでは、好感度アップのための次の3ステップを大切にしています。

①清潔感

- 清潔であること、この一言に尽きます。髪、爪、肌、歯、服、靴、匂い、持ち物に清潔感が漂っていることを第一に、人前に出る準備をします。
- 人は特に匂いに敏感です。

②姿勢

- 何しろ、7秒で決まります。立ち姿、座り方を徹底します。背筋をピンとして、手は軽く両側に置き、決して組まないこと。脚も組まない。威圧感や偉そうな感じを与えず、全体にWelcomeな雰囲気を出すことが大切です。
- 姿勢の良い人って素敵なだけではなく、安心感、信頼感もあります。そこに余裕を感じるからでしょう。私も特に座ったときの姿勢には気をつけています。放っておくと自然と背中が丸まってきますから。坐骨を椅子に刺すように座る、とはウォーキングのコーチもしているBYBSコーチから教えてもらったコツ。これを実践しています。

③表情

- 相手の目を見つめ、口角を上げる。笑顔は何物にも勝る好感度アップの鍵です。

質問
18
あなたは承認欲求が強い方だと思いますか?

POINT! 「コミュニケーションの3つの基本」で相手の信頼を勝ち取る

好感度の次は、信頼を勝ち取ることです。そのためには、相手の承認欲求を満たしてあげることです。

多くの人は、自分の存在を知ってほしいと思っています。自分が何を思い、何を考え、何をしたいのか? そんなことを聞いてほしいと思っています。

私がコーチングをしていると、最初は「話すのが苦手なんです」と言っていたクライアントの方が、ある時をきっかけにどんどん話しはじめることに毎回のように遭遇します。

人は自分を知ってほしいのです。自分が相手を知りたいと思う以上に。まずは、そこを満たしてあげましょう。そうすることで、「あー、この人は自分のことをわかってくれている」という信頼の感情が生まれます。やがて「この人のことを知りたい」と思ってもらえます。

そこからです、自分のことを話しはじめるのは。

もうすでに好感度と信頼が生まれています。あなたの話に自分以外の「何のため」があれば、「私にできることはないかな」と共感してくれる確率が高まります。

STEP❶ 気づき ▼ 承認欲求が強いのは、人として普通のことなんじゃないか

STEP❷ 肯定 ▼ 承認欲求を満たしてあげるのは大切なことでもある

STEP❸ 決断 ▼ まずは相手に注目しよう。主役は自分じゃなくて相手だ

主役は自分

▼

リフレーム

▼

主役は相手

□基本1：相手の承認欲求を満たすために名前で呼ぶ

・誰に会うかが決まっているときは、必ず予備知識を仕入れてから会う。
・誰に会うかわからない場合は、名刺交換や自己紹介の後に必ず名前を呼ぶ。
・聞き取れなかったらごまかさず、わかるまでちゃんと聞く。これは私がビジネスをしているときに多くの経営者や営業の方から学んだ一番大切なこと。実際、成功している人には名前をたくさん覚えている人が特に多いようです。
・一度でも会ったことのある人の名前は覚えておく。忘れたら正直に聞く。
・名前を忘れたとき、一人じゃないときは、誰かをその人に紹介する形で相手から言わせるというテクニックもありますが、自分の名前は唯一無二の大切なもの。どんなときも、心を込めてお名前を呼ぶようにします。相手の名前は決して粗末に扱わない。大事なことです。

□基本2：聴くが8割

・相手の承認欲求を満たすためには、徹底して相手の話を聴くこと。聴くが8割、話すは2割です。
・聴くときは、うなずくなどのボディーランゲージで、相手に「ちゃんと聴いてますよ」と示します。人は誰だって、真剣に聴いてもらえたらうれしいのです。
・うなずいたり、「そうなんですね」と添えたりすると、「共感」を示すことができます。

□基本3：話の2割は質問

話すときの2割は質問にします。どんどん相手に話をさせます。その理由は、「聞いてほしい、知ってほしい」という相手の承認欲求を満たすことにありますが、もう1つの理由があります（それは次の質問で説明します）。

ここではまず、相手を知るために会話を続ける「質問力」をアップさせましょう。

□良い質問：相手に聞かないとわからないこと

・自分に興味を持ってもらえたと思うとき、私たちは単純にうれしくなります。だって、自分の存在を認めてもらえたのですから。

・主に、その人がどう感じたか？　何をしたのか？　どうしてそうしたのか？　など、調べてもわからないことについて深掘りすると会話が続きます。

□悪い質問：調べればわかるようなこと

・基本的な事実や会社情報など、調べればすぐわかるようなことを聞くと、その人に最初から興味がないと思われます。

・答えから次への広がりがありませんから、会話も続きません。

話すときは、緊張のためや自分をよく印象づけようとして早口になりがちです。ゆっくりめに話しましょう。それでおそらく、ちょうどいいスピードになっています。

まずは、好印象を与える。次に、信頼を勝ち取る。

そうすることで、自分の話に耳を傾けてもらう確率を高めていきます。

質問

19

楽しい会話の秘訣って、何だと思いますか？

POINT！ **共感を勝ち取る近道は、共通点を見つけること**

好印象と信頼の次に、やっと自分に興味を持ってもらえるようになります。そこで効果的なのは共通項です。

似たところがある相手には安心感を抱きますから、好印象と信頼も相まって、ますます自分にも興味を持ってもらえるように導くことができます。

共通の話題があると、お互いに共感しやすいのです。「話を聞いてみたい」と思ってもらえるのです。この共通点を探るために必要なのが質問です。

どんどん質問して、共通点を見つけてくださいね。そうして、「私は○○のために○○をしたい」という話を最終的にします。共感してもらえる確率はぐんと上がっていきます。

なにしろ、「この人のために何かしてあげたい」「できることはないか」という共感力が相手の中に生まれやすくなっているのですから。

STEP❶ 気づき ▼ 楽しいのは、好きなことを話すときかな

STEP❷ 肯定 ▼ 同じ興味を持つ人と話すのって楽しい

STEP❸ 決断 ▼ 相手と自分の共通点を探そう

自分が聴くに値する人物
だから人は共感してくれる
▼
リフレーム
▼
人は共通点があるから
共感できる

STEP❹ 行動 ▼ 共通点を見つけるための「質問力」を磨く

私はワシントンDCの社交会(のようなものがあるのです!)で、相手と自分の共通点を見つけるための質問力を徹底して鍛えられました。これがないと、社会貢献活動がうまくいかないからです。

そこで学んだ順番があります。まず、女性の場合は服装のセンスを褒める。髪が素敵に決まっているときは髪も褒める。そうでないときは触れない。

男性の場合は、外見には触れません。かわりに、その場（会の趣旨）などとその方の関係を聞いたりします。

次第に、ワシントンＤＣに住んでいるのか、そうならわが家のご近所かどうか、など。そこから相手が子どもに触れたときは、私もその話をします。そうやって、どんどん共通点を増やしていきます。

まずは、見えるところから質問していきます。

・服装、髪型、ネイル、持ち物など、当たり障りのないところから始めます。
次に見えないところを質問していきます。

・それは趣味かもしれないし、仕事かもしれないし、住んでいるところ、夏に旅行に行ったところ、出身地、好きな食べ物、いろいろあるでしょう。

- 政治と宗教、そして言うまでもなく性的なことは、避けるべき話題の筆頭です。
- 配偶者の有無、子どもの有無なども、すでに知っている場合以外は、最近では避けるべき話題とされています。
- 子どもがいる場合は共通の話題として話しやすいでしょうし、仕事も職業が同じ場合は共感できることも多いかと思います。

質問
20
あなたは戦争に行ったことがありますか？
職を失ったことがありますか？
社長になったことがありますか？

POINT！
自分が経験できることは限られています。他者の立場に立って物事を考える共感力は「疑似体験」で鍛えます

私はグローバル社会で仕事をしているので、紛争地帯から来た人、飢餓を経験している人、家族と離れ離れになった人、教育を受けたくても受けられなかった人、女性というだけで自由を奪われた人など、いろんな人に出会います。

どんな人とでも一緒に働いていくためには、その人の背景を理解できるかどうかが大きくかかわってきます。実際に同じ経験をすることはできないけれど、疑似体験ならできます。

これは、私が応援団を増やすために努力している1つの大きなことといえるかもしれません。

STEP❶ 気づき ▼ 私が経験してきたことって狭いのかも?

STEP❷ 肯定 ▼ 自分が実際に経験できることって、実は少ないんだ

STEP❸ 決断 ▼ いろんな人の立場を理解して、寄り添えるようになろう

自分は経験豊富だ

▼

リフレーム

▼

自分が実際に経験できることって少ない

STEP❹ 行動 ▼ 「疑似体験」で経験値を上げ、共感力をアップする

これから毎日、「疑似体験」をしていきます。その日の時間によって、やれることを選んで実践してくださいね。

1日5分からやってみる。いかがですか？　私はどんな人に会っても共通の話題を見つけられるように、また相手の置かれた立場を想像できるように、疑似体験を毎日実践しています。

たとえば、次のようなことです。

- 読書（ノンフィクション）
- ドキュメンタリー番組を見る
- セミナー、講演会、トークイベントに参加する
- いろんな人と話す

第6の武器のまとめ

- 人は一人では生きていけない。コミュニティに属して生きる社会的動物だからこそ、社会との接点が必要
- 私たちは人の役に立つときに最大の幸せと満足を感じる
- 「人に迷惑をかけない」は自分留まり、「人の役に立つ」が社会との接点を生む
- これからの時代のキャリアは「利己＋利他」で築く
- 巻き込む力を育む鍵は「共感力」

第7の武器

「プランド・ハップンスタンス」

「何となく＋短期の人生設計」で、最高に自分らしいキャリアをつくる

なぜ従来のキャリア構築本ではうまくいかないのか？

ここまで、第1から第6の武器を身につけることで、自己肯定感、自分軸、成功体質、主体性、共感力などを鍛えてきました。それらすべては、あなたの内面を整える作業です。

普通のキャリア構築本では、これらのプロセスを飛ばして、いきなり人生の設計図を書く方法を学びます。だからうまくいかなかったのです。

でも、あなたは大丈夫。

なぜならあなたは、ここまでで自分に正直になり、自分の正解を見つけることの大切さ、そのためのスキル、そして行動と巻き込む力で、どんなときも道を切り拓ける自分になるための武器を手に入れたからです。

ここからは、自分らしい幸せを感じるキャリアをつくっていく方法を学びます。これがあなたに必要な最後の武器です。

この章では、実際にどんなふうにして設計図を書き、どう行動していくかを学びます。

そして実際に設計図を書いていきますが、鍵となるのは自問です。

本章ではそれらの質問をもとに、さらに踏み込んだ質問をしていきます。そうすることで、やるべき行動に落とし込みやすくするためです。

あなたが身につける最後の武器は、激変の時代に威力を発揮するキャリア構築型「プランド・ハップンスタンス理論」（偶然力）です。

これからのキャリア構築型 ▼ 「プランド・ハップンスタンス」とは

□ 基本のリフレーム

逆算してつくる綿密な長期的人生設計

▼

リフレーム

▼

何となく＋短期の人生設計

□プランド・ハップンスタンス理論の鍵：「何となく」の方向性でいい

「プランド・ハップンスタンス」（計画された偶発性理論）は、1999年にスタンフォード大学のジョン・クランボルツ教授が発表した理論です。18歳のときに自分がなりたいと思っていた職業についたのはたった2%、調査した8割の人のキャリアは予期しない出来事や偶然の出会いによってでき上がっていた、とした調査結果に基づいています。

ただ、ここでの「偶然」「予期せぬ出来事」とは、ただ待っているだけではなく、自ら積極的に行動したり、アンテナを広げて周囲の出来事に興味を持って、知識、経験、出会いを蓄積することで起こりやすくする、という考え方です。

もっと平たくいうと、行動することで知識・経験・出会いという点を増やし、偶然や予期せぬ出来事の起きる確率を高めてキャリアをつくっていく、ということです。

点があればあるほど、何かのきっかけでつながりができます。つなぐのは自分かもしれないし、周りの誰かかもしれません。でも、点がなければつなぐことはできません。

これらの点がいったいどんなふうにつながっていくかはわかりませんが、プランド・ハップンスタンスではある方向に向かって行動して知識・経験・出会いという点を増やしていきます。ある方向に向かってそのゴールに近づくことを意図した知識・経験・出会いの集積です。

ある方向とは、ピンポイントのゴールではなく、実は「何となく」の方向性で十分。その方が、アンテナを広く張りやすくなるからです。その方が点を増やしやすくもなります。

POINT! **「やりたいこと」が明確である必要はなく、「何となく」の方向性があればいい**

□プランド・ハップンスタンス理論が生まれた背景は「限界」

実は、「自分のキャリアは自分自身で意図的に職歴を積み上げて形成するもの」という従来型のキャリア論には限界がありました。

これまでは、「自分の興味、適性、能力、周囲の環境などを合理的に分析すれば、目指すべき最終ゴールや、そこへ至るステップアップの道筋までが明確になる」と考えられてきました。確かにそれは、変化の少ない社会では機能する考え方でしょう。

ですが、変化の激しい社会では限界があります。なぜなら、目指す職業がなくなる可能性もあるし、従来のやり方がテクノロジーの進化で、ある日突然ガラッと変わるかもしれないからです。

つまり、未来の予測がつかない社会では、従来のキャリア構築法は効果的ではないのです。

それでも、「何となく」は怖い？ 従来のキャリア構築法では可能性を見逃す

「でも、それだとあまりに計画性がないんじゃない？」という懸念もあるでしょう。

だって私たちは、小さいころから夏休みの宿題を毎日○ページやる！ なんて計画・実

行するように訓練されてきましたものね。

それでは、「ビジョンを明確にするのが良い人生設計」とされてきた従来のキャリア設計の限界に触れたいと思います。

□従来のキャリア設計の問題点①：一点を見つめて逆算して駆け上がることの限界

この従来型の人生設計には、2つの大きな問題があります。1つは、そもそも一点を見つめて逆算することに限界があるということです。

たとえば、「28歳で不動産仲介業の資格を取り、30歳で結婚、32歳で出産し、60歳でリタイアして、その後はのんびり暮らす」とビジョンを設定します。

さらに、人生を逆算して計画すると、

- 28歳で不動産仲介業の資格を取るために、25歳から勉強を始めて3年で合格するとなるでしょう。論理的で明確で、これならうまくいきそうな気がしますよね。ですが、ここに1つ問題があります。

それは、前提が「安定した変化の少ない社会」になっているということ。テクノロジーの進化やグローバル化や多様化が加速する変化の激しい社会では、一点を見つめて3年、5年、10年スパンなどの長い期間を逆算して人生設計することには限界があります。

厚生労働省の外局である「中央労働委員会」が行った令和3年の「賃金事情等総合調査」によると、1997年から2018年の間に退職金は1000万円近く下がっています。60歳でリタイアを考えたのは、退職金が1000万円以上多かった時代かもしれませんが、それが未来永劫《えいごう》続くという保証はもはやありません。

不動産仲介業という仕事が永久に存在するのが前提になっていることも危険です。

オックスフォード大学のマイケル・オズボーン教授が2014年に行った研究では、今後10年から20年で米国の総雇用者数の47%の仕事が自動化される可能性が高いとしています。

そこでは、702の職種について、仕事そのものがなくなる確率を出しています。これによると、不動産仲介業（不動産ブローカー）は97％の確率でなくなります。

下の表はその一例です。

従来のキャリア構築法だと、職自体がなくなって、何とも困った老後を過ごすことになりかねません。変化に敏感に反応していれば回避できたこともあるでしょうし、新たな可能性を見つけていたことでしょう。

だから、計画が長期であれば長期であるほど、頓挫してしまう可能性が高くなります。

順位	なくなる確率	職業
1	99%	テレマーケター
5	99%	保険事務員
12	99%	データ入力係
15	98%	証券仲介業者
17	98%	融資担当者
20	98%	銀行窓口係
34	98%	モデル
35	97%	レストラン・ラウンジ・カフェ従業員
40	97%	不動産ブローカー
74	96%	一般的な事務員
93	95%	ネイリスト
99	94%	ホテル・モーテル・リゾートホテルのフロント
114	94%	会計監査員

また、一点しか見ないことで、周りで起こっている変化を見逃しやすいということもあります。こうして変化に乗り遅れていきます。

このように、**変化の激しい社会では、「逆算型」だと自分がデザインしたとおりの人生が手に入りにくいのです。**そこからまた別の頂上を見つけて逆算して人生設計しようとしても、また頓挫する――最悪、この繰り返しになっていってしまいます。

□従来のキャリア設計の問題点②：「今」の自分でしか人生を描けないことの限界

逆算型の人生設計、2つ目の問題点は、最初からビジョンを職業とライフイベントに紐づけて逆算していくこと、そのものです。

なぜなら、それは「あること」を失うことを意味するからです。

それは、「可能性と選択肢」です。私たちは「今」の自分の知っているなか、持てる知識のなかでしか物事を思い描けません。ですから、その限界の中で明確に緻密に計画を立てることになります。

そこで失われるのが「可能性と選択肢」なのです。人生はありとあらゆる機会にあふれています。それを経験することによって、私たちは自分を知り、成長につなげていくのですが、たった一点を見つめることで、「必要な機会」「いらない機会」を選別してしまいます。

そうすることで、ほかの可能性と選択肢を見逃していきます。そこには、変化に沿った仕事に必要なスキルのアップデートがあるかもしれないし、今のスキルを使った新しい仕事の可能性があるかもしれないし、友人から聞いた新しい職業があるかもしれません。

また、そのプロセスで成長していく自分の伸びしろに関しても、「今程度」としか考慮していないことでしょう。

これも、ピンポイントで人生を計画して逆算して生きることの不利な点です。激変の時代では、チャンスを失うキャリア構築法なのではないでしょうか？

プランド・ハップンスタンスのために育むべき「5つの能力＋1」

ではここから、「プランド・ハップンスタンス力」（偶然力）を育むための5つのスキルを見ていきましょう。

クランボルツ教授は、次の5つの能力を挙げています。そしてそれらは、すべて非認知な力です。

- 好奇心：たえず新しい学習の機会を模索し続けること
- 持続性：失敗に屈せず、努力し続けること
- 柔軟性：1つの正解に執着せず、信念、概念、態度、行動を変えること
- 楽観性：きっと何とかなる、できるとポジティブに考えること
- 冒険心：行動！　結果が不確実でも、リスクを取って行動すること

私はここに、6つ目の能力を入れるべきだと考えています。

それは、「**感謝する心**」。

周りが応援してくれるからこその、自分らしい幸せな人生。何かが起こるたびに、点がつながるたびに、つなげてもらえるたびに、経験できるたびに感謝することです。起こって当たり前、つなげてもらって当たり前なんてないからです。

私は、「ありがとう」がキャリアをつくっていくと言っても過言じゃないと思っています。そして毎日、たくさんの人に感謝しながら生きています。みんなの応援のおかげで、仕事をさせていただけると思っています。

みんな、ありがとう。

「第7の武器」の習得法

ところで、先ほどの5つの能力を見て、あなたはきっと気がついたことでしょう。

はい、そうなんです。本書は最初からこの理論に沿って書かれているのです。

本書はいわば、**「ブランド・ハップンスタンスでかなえるキャリア構築本」**なのです。ブランド・ハップンスタンスという強力な武器を最も効果的に使えるための武器を、6つ先に身につけたのには理由があったのです。

好奇心に関しては「第4の武器」で、柔軟性に関しては「第5の武器」で、冒険心や楽観性に関しては「第3の武器」の「まずはやってみる」で触れています。

そして持続性は、実は本書の裏テーマと言ってもいいほどのものです。

機能しない思考と行動のくせを、機能する習慣に書き換えていく作業を可能にするのは、スキル（行動）の実践です。これを続けることができるように、スキルは徹底してシンプルにしてあります。また、どこでもいつでも実践可能にしてあります。

それはすべて持続性、サステナビリティのためです。続かなければ結果は出ません。結果が出た後も、よい習慣を続けていかなければ逆戻りです。

ですから、第1から第6の武器で紹介したスキルを1つでも実践・継続するプロセスにおいて、あなたは自然と「持続性」を身につけていくことになります。

本書で紹介しているスキルを継続して実践することで、あなたは激変の時代のキャリア構築型「プランド・ハップンスタンス力」（偶然力）を鍛えていけるというわけなのです。

あなたには、ぜひとも本書での学びを実践して、自分が最高に幸せを感じるキャリアを構築してほしい。

そのためには、「何のためにやりたいのか（モチベーション）」をつねに抱きしめながら毎日を過ごすことです。

さあ、本書最後のコーチングを開始する前に、一緒に「何のためにやりたいのか」を設定しましょう。

□自問：あなたは、「何のために」この本を手に取ったのでしょうか？

OK, now you are ready.

▶コーチング開始

質問
21
あなたは、何のために生きるのでしょうか？

POINT!
ビジョン『何のために生きるのか』の設定
⇩ビジョンは「何となく」でいい

ピンポイントのビジョンでは、可能性と選択肢を見逃します。これからは、アンテナを広げて視野を広げることです。

□ だいたいの方向性（ビジョン）の例
だいたいの方向性にも欠かせないのは「利己＋利他」の視点です。これは、自分の可能性と選択肢を広げる鍵だと、前章で学びましたね。

- 自分の経験を使って、同じような状況にいる人の役に立ちたい
- 自分のスキルを使って人の役に立ちたい
- 暖かい土地が好きなので、そこで地域の人とつながって生きていきたい
- グローバル化・多様化の橋渡しをするような国際的な仕事で世界を飛び回ってみたい

これくらい「何となく」で大丈夫です。ね、これなら「自分は何のために生きるのか」も浮かんできますよね。

それに、余白がいっぱいあるからとっても楽しい。いろんなワクワクが想像できるから、冒険心もくすぐられます。そこに行くまでのプロセスもたくさんあるから、心に余裕が出てきます。

さらに余白や余裕が視野を広げて、知識・経験・出会いという点を増やすことにも役立ちます。

ちなみに、コーチ重子のビジョンは、「コーチングで、女性の幸せと子どもの非認知能

力にコミットする！」です。

STEP❶ 気づき ▼「やりたいこと」って、明確じゃなくてもいいんだ

やりたいことを明確に見つけられる人は素晴らしいと思っていたけれど、見つけられないのは悪いことじゃないのかもしれない。

STEP❷ 肯定 ▼ わからないなら、やりながら見つけていけばいい

STEP❸ 決断 ▼ ピンポイントだとそれしか見えなくなるから、これからは何となくで考えよう

ピンポイント

▼

リフレーム

▼

何となく

STEP 4 行動▼ビジョンを見つけるための「自問集」

次の質問に答えながら、自分にとっての「何のために生きるのか」の答えを見つけていきましょう。

□ビジョンを見つけるための自問

□「こんな人生が送れたらいいな」と思うのはどんな生き方？
・どんなときに自然と笑顔になる？
・楽しく生きるために必要なことは何？
・うらやましいなと思う人は、どんな生き方をしている？

□人の役に立てるのはどんなことだろう？
・私が持っている専門知識やスキルは何だろう？
・どんなふうに社会とつながっていきたいのだろう？

・これから身につけたい専門知識やスキルは何だろう?
・自分の性格で役立てられることはある?
・興味のあることは何だろう?

質問
22
ビジョンに近づくために、今どんな生活を送るべきでしょうか？

POINT！ **6項目の質問に答えて、自分の正解を探す⇩行動**

ではそのビジョンのために、「何を・いつ・どのくらい・どんなふうに・どこで」やっていくのか？

ビジョンが「何となく」だから、それをかなえるための行動は広範囲ですよね。だから、そこに役立ちそうなことはどんどんやる。そんな行動と結果が、人脈・知識・可能性・選択肢という目に見えないリソースになっていき、人生を大きく前に進めてくれます。

ですが、目の前にあることに闇雲《やみくも》に何でも手をつけるのではありません。ここでは、手当たり次第ではなく、**自分が幸せを感じながら達成したい人生のビジョンに近づくために、意図的に行動を選んでいきます。**

そのときに必要になるのは「選ぶ基準」です。ここでは、選ぶ基準を明確にします。言い換えれば、自分の価値観をはっきりさせるということです。そして、目の前にあるあらゆることを、その基準に照らし合わせて選んでいきます。

STEP❶ 気づき ▼ ビジョンって夢物語かと思ったけど、かなえることができるのかもしれない

STEP❷ 肯定 ▼ ビジョンはかなえるためにあるんだ

STEP❸ 決断 ▼ 意図的に行動してビジョンに近づき、かなえよう

STEP❹ 行動 ▼ 価値観に沿って、意図的に選んで行動する

ビジョンは何となくの夢物語
▼
リフレーム
▼
価値観で選んだ行動でビジョンに近づく

ここでは、「6つの価値観」について明確にしていきたいと思います。ここでも使うのは自問です。

□価値観を探る自問集

Here you go! 「お金」「仕事」「働き方」「仕事とお金」「ライフスタイル」「パートナーとの関係」の6項目について次のような自問をしてみましょう。

自分の価値観を明確にすることで、ビジョンを達成するために自分はどんな行動を取るべきかが見えてきます。

そうやって行動を積み上げた結果、つくり上げていくのが自分のキャリアです。従来の一点を見つめて駆け上がるという無駄を省く逆算ではなく、一つひとつの行動を通じていろんなことを足していく足し算。それが、これからのキャリア構築です。

ノートに答えを書き留めて、最後に眺めてみましょう。そして、見えてきたことを書き出します。何となくのビジョンに近づくためには、日々の行動が大切。

どんな行動を取るべきか、どんな点を増やしていきたいかのヒントになるので、以下の質問に正直に答えていきましょう。

①お金に関する自問

□自分に必要なお金はいくら？
- 今の収入源は？
- 今の収入は十分？　将来的にも安心・安全？

□経済的に自立している？（おもに女性向け）
- 100%依存の状態？　もしそうなら、今も今後も安心？
- 経済的に自立したいと思う？　経済的自立は必要？
- いま自分に収入がないとして、どうやったら収入を得ることができる？
- 収入を得る道をいくつ考えることができる？
- 副業を始めるとしたら、今の自分に何ができる？

②仕事に関する自問

□自分にとって仕事とは何？　次のうち、どれに近い？
・労働の対価としての報酬を得る手段
・生きがいを感じる手段
・成長を感じる手段
・社会とのつながりを感じる手段（他者・社会の役に立つ）

□ライフイベントで仕事を控えたり、辞めたりするのは自分？　次のうち、どれに近い？（おもに女性向け）
・辞めて家族に尽くしたい
・できれば両立したい
・できれば、出産以外のライフイベント（家事・育児・介護など）はアウトソースしたい

・仕事は絶対辞めたくない

□仕事と自分の理想的な関係は、次のうちのどれ？

・キャリア最優先
・家庭と仕事を両立
・家庭を優先できる仕事に就く
・専業主婦として家事・育児に専念

③働き方に関する自問

□正規、非正規、時短、パート、時給、副業、パラレルワーク、起業、フリーランスなどの形態以外にも考慮するのはどんなこと？

・決まった時間内でだけ働きたい
・緊急対応などのない仕事がしたい
・産休・育休を利用したい

・男女の性差のない仕事がしたい（昇進・給与など）

④仕事とお金に関する自問

□次のうち、自分の気持ちに近いのはどれ？
・お金を得る仕事には、生きがいややりがいを感じないとダメ
・お金のために働き、好きなことのために生きるのもあり
・ただ単に、たくさん稼ぎたい
・必要なだけ稼げばいい
・必要なだけ稼げる仕事なら、それでいい
・自分の能力以下の仕事だとしても、それで必要なだけ稼げるならそれでいい

□仕事に充実を求める？（仕事が面白い、成長を感じる、必要とされる）
次のうち、自分の気持ちに近いのはどれ？
・つまらない仕事は嫌

・仕事を面白いと感じることが大切
・仕事を通じて成長していると感じることが大切
・人や社会の役に立っている実感が必要
・専門スキルや知識を使って働くことが重要

□今の会社と自分の関係は？
・今の会社で求めるようなキャリア構築は可能？
・求めるライフスタイルをかなえる制度（在宅・フレックス・時短・育休・産休・その他の休暇）はある？
・その制度を使っている人はいる？　制度を使いやすい文化はある？
・多様性を受け入れる社風はある？
・正当な評価をしている？
・自分の成長につながっている？

⑤ライフスタイルに関する自問

□自分にとって、幸せを感じるライフスタイルとは何？
・自分にとって、決して譲れない生活レベルの最低ラインはどこ？
・生活の中でこれだけは決して譲れないことは何？
・自分が幸せを感じる日常はどんな毎日？

□プライベートライフに充実を求めるとしたら、必要なことは何？
・求めるライフスタイルをかなえるためにもっと稼がないといけないとしたら、もっと稼ぐことを選ぶ？　それとも、ライフスタイルを変えることを選ぶ？
・家族や義実家には、どんなつながりを求める？

□プライベートな時間（学びや趣味、友人との時間や遊びなど、自分のための時間）
・自分にとってプライベートな時間の位置づけは？（決して譲れないか、なくても大丈夫か）

・日常生活でどのくらいの比率が理想的？
・プライベートな時間のために生きたいと思う？

⑥パートナーとの関係に関する自問

□求めるパートナーとの関係は？
・そもそもパートナーは欲しい？
・子どもは欲しい？
・自分らしく生きることをパートナーに応援してほしい？
・パートナーと対等な関係を求める？
・家事・育児に関する価値観が同じであることは大事？
・今のパートナーは、あなたの求めるライフスタイルを可能にする？
・それとも邪魔する？
・自分は育児・家事・介護などのライフイベントにどれだけ時間を使いたい？

□質問に答えることで、自分の価値観が見えてくる

先ほどの質問の答えをノートに書き出します。そこで見えてきたことを、321ページにまとめて書いてみましょう。

そうすることで、ビジョンに近づくためには何をすればいいかが何となく見えてきます。また、何となくだったビジョンが、より実現可能なものに思えてきます。

これは、自分が主役の物語を書く作業でもあります。自分が主役なのだから、思いっきり**自分が生きたい人生を描いてあげましょう。**

自分をよく見せたくて、思わず「模範解答」を書きたくなっちゃいますよね。私も最初にやったときはそうでした。全然違う自分!!

でも、誰が見るものでもありません。正直な自分の気持ちを可視化してね。それができたら、あとは行動してかなえていけばいいだけです。

大丈夫。あなただからきっとできる。

Yes, you can. I am believing in you.

たとえば、私がギャラリーの業績絶頂期に閉めることを選び、自宅でアートコンサルティングの仕事を始めたときはこんな物語を書いていました。

「今は、子育てと家庭を優先したい。でも、経済的自立だけは絶対に手放したくないから、それを可能にするだけの仕事をして稼ぐ。コンサルティングはギャラリーほどエキサイティングではないけど、自分にできることだし、必要なだけ稼げるからこれでいい。

でも、娘が高校生になったらキャリアにもっと重点を置きたいから、そのときのために毎日15分は勉強する時間を確保したい。

第2の人生は違った形で社会に貢献したいから、それを見つけるための時間も確保したい。自分の能力で役に立てて、自分の成長も感じられて、楽しくて夢中になれるような仕事をつくり出したい。できれば、私がアメリカで経験した多様な女性の生き方に関することで。

だから、私じゃなくてもいい家事に関することは可能な限りアウトソースする。その費用は自分で稼ぐ。そうやってつくり出した時間で、いろんな人に会う。書く練習もしたい。ブログとかやってみたい。

そうして50歳になったときに爆発するんだ！　最高に私らしく生きている自分になるんだ。女性の新しい生き方に役立っている自分になるんだ。

それを支えてくれるパートナーと生きている。応援してくれないパートナーはパートナーじゃない。そのかわり、私もパートナーの生き方を応援する。お互いに経済的に依存しない、独立した個人としてのパートナーシップで生きていきたい」

▼質問の答えから見えてきたことを書いてみましょう。

質問 23

計画は緻密で長期にわたるものがいいのでしょうか？

POINT !

点があればあるほど、偶然は意図的につながっていく

大切なのは、つなげることができる点（経験、知識、出会い）を増やすこと。そのためには、小さくていいので短期で結果を出すこと。３か年、５か年計画では時間がかかりすぎます。到達できることは大きいかもしれませんが、すでに時代遅れになっている可能性も高いです。

それよりは、可能性を秘めた点（経験、知識、出会い）を増やしていく方が効果的です。

綿密・長期・計画

▼

リフレーム

▼

偶然・目の前

STEP❶ 気づき▼緻密な長期計画だけが成功の鍵じゃないのかも

STEP❷ 肯定▼目標は短期でいいんだ

STEP❸ 決断▼目の前のことをやって、どんどん点を増やしていこう

STEP❹ 行動▼「BYBS偶然マップ」スキル

「BYBS偶然マップ」とは、プランド・ハップンスタンスを見える化したものです。自分の目の前にあるやるべきことをつなげる点が一目でわかるようになっています。

ワークシート▼「BYBS偶然マップ」

次のページにあるのは、先述の私のビジョンと、いま送るべき生活をもとに書いてみた、ギャラリーからコンサルに移行した当初の「BYBS偶然マップ」です。

人的財産

過去：

芸術家、コレクター、ギャラリスト、美術館関係、ワシントンDC社交界の面々

今・未来：

知り合いたい人：出版関係者、編集者、書いている人、講演している人、講演に呼んでくれそうな人、イベント企画のプロ、記者、メディア関連の人、ライフコーチの先輩、起業している人、日米でビジネスしている人、なんだか幸せそうな人

方向性

いる女性たちに対して

役立つことをしたい。

決して手放さない

好奇心

過去：

音楽、海外留学、海外生活、語学、大学院

今・未来：

ブログをやってみたい、多様な生き方をしているいろんな人に会いたい、SNSについて知りたい、いろんなビジネスの形態について知りたい、２拠点生活（海のそば）を経験してみたい、ロゼワインについて知りたい、セラピードッグについて知りたい、アンチエイジング、バーエクササイズ

情報・知識収集

毎日２時間情報に触れる

CNN

MSNBC

VanityFair

ArtNews

WashingtonLife

Georgetowner

東洋経済

プレジデント

週刊文春

日米のベストセラー（フィクション、
ノンフィクションの両方に目を通す）

だいたいの
多様な生き方をして
発信したい、それで
経済的自立は

アップデート・リスキリング
（役立つ学び、過去の役立つスキルのレベルアップ）

過去：
現代アートヒストリー、アートヒストリー全般、法律全般、英語、フランス語、秘書業務一般、リサーチ一般、テニス、ロンドンならまかせて、オークションハウス、ギャラリー経営

それを膨らませてできること：

新たに必要な学び：

書く練習、コーチングの勉強、他の人のブログ、スペイン語、お金について、投資について、コンサルティング、社会起業家について、マーケティングについて、日本でのビジネスについて、歳を重ねるごとに美しくなる方法

本章に至るまで、あなたはたくさんのスキルを学ぶためにステップを踏んできました。書き出したこともたくさんあるでしょう。そのすべてがここで役立ちます。

まずは、これまで自分について学んできたことを「ＢＹＢＳ偶然マップ」に書き出すことで、あなたのブランド・ハップンスタンスを可視化します。

ここに書き出すことで、やるべきことが見えてきます。そして、それを行動に移していきます。

- だいたいの方向性：すべてはビジョンからはじまります。
- 好奇心：やってみたいこと、好きなこと、知りたいことなど、知識と経験のきっかけ
  ＊第4の武器：「Take a bite」スキル、第5の武器：「初心者になる」スキル
- アップデート・リスキリング：過去の自分の特技・スキル・経歴などで伸ばしたいこと
- 人的財産：助けてくれそうな人、知り合いたい人、憧れの人、気になる分野のプロなど
  ＊第1の武器：「モデリング」
- 情報・知識収集：アウトプットの量はインプットの量に比例しますから、日々情報収集します。どんな情報を収集するべきか、したいかを記入します。また、毎日5つくらい

の媒体に目を通し、気になった情報を書き留めて、気になるいろんな分野の知識を増やしていきます。

- 過去：すでにある知識、経験、人的財産などを記入します。

＊第1の武器：「ポジティブ財産」の可視化、第3の武器：「できた自分」発掘作業

- 今・未来：やっていること、やりたいこと、興味があること、知り合いたい人などを書き出します。

右の各項目に、本書のどの武器で学んだことを参考にしたらいいか、どのスキルで書き出した答えを記入するのがいいかも書きましたので、それに沿って書き出していきます。

私の「BYBS偶然マップ」を参考にしながら、次のページに思いつくままにいろんな選択肢をどんどん書いていってくださいね。

「BYBS偶然マップ」を大きな一枚の紙に書き出すのも効果的です。私は壁一面に貼っていました。そうして、点と点をつないでいきました。そんなやり方もありです。

方向性

人的財産

過去：

今・未来：

好奇心

過去：

今・未来：

情報・知識収集

だいたいの

アップデート・リスキリング
(役立つ学び、過去の役立つスキルのレベルアップ)

過去：

それを膨らませてできること：

新たに必要な学び：

質問
24
あなたは、行動したくなってきましたか？

POINT❶「BYBS偶然マップ」ができたら、あとは行動あるのみ！

ここまで本当によくがんばったね。そんなあなただからきっとやり抜ける。

ここから大切なのは、「やったらやりっぱなし」にしないこと。振り返ったときに自分の成長を目にすることができるので、記録をつけていきましょう。

□「BYBS偶然マップ」を使って行動に出るときの4つのステップ

STEP❶行動する時間をつくる

参考にするのは、

第4の武器：1日15分の探究学習での時間のつくり方
第4の武器：「Not To Do いたしませんリスト」での時間のつくり方

STEP❷ 即できて、即結果を出せる行動を探す

参考にするのは、
第3の武器：一日一回、小さく成功するスキル

STEP❸ 行動する

参考にするのは、
第3の武器：「Just Do It」をかなえる「DCPAサイクル」スキル

「BYBS偶然マップ」に書き出した項目で、やったものにはチェックマークをつける。

そこから今度はどんな行動に移れるか、マップを観察して書き出す。

つながりそうな点、つながった点を書き込む。

□あとは継続あるのみ！

最初は1日15分で、できることから始めていきます。最低、3週間続けます。

そうしたら今度は、もう少し大きな行動計画を立てます。1日かかることや1週間かけて結果を出すものなどです。

そうやって、15分でできることやもう少し長期でできることなど、マルチチャンネルで点を増やしていきましょう。これを繰り返していくだけです。


私がやってきたのは「BYBS偶然マップ」に沿って、目の前にあることをやることだけ。

会いたいと思った人に連絡して、断られたら別の人を探し、やりたいと思ったことはできるだけすぐできるように、時間とお金とエネルギーが最少でできるくらい小さい行動にしてから実践して……、その繰り返しでした。

そうしてどんなときも、経済的自立だけは手放さない方法を模索・実践してきました。本当にたくさんの出会いがあったのです。いろんな出来事もありました。

そうこうするうちに、私の中でビジョンはどんどん明確になっていったのです。「多様な女性の生き方について発信したい、それで役に立っていきたい」という何となくのビジョンが、コーチングの勉強と執筆活動を通じて「女性の幸せと子どもの非認知能力にコミットする」とより明確になっていきました。

見る夢もどんどん大きくなっていきました。コーチングの勉強を始めた10年以上前に、今の私が見ている夢を見ろと言っても、到底無理だったでしょう。だって、人はそのときの自分でしか夢を見られないから。

プランド・ハップンスタンスの素晴らしいところは、自分の成長に合わせてどんどんビ

ジョンも大きくなっていくということ。自分の伸びしろに合わせてくれるのです。
だからこそ、一点を見つめて脇目も振らずに駆け上がるよりも、ずっと自分らしく幸せな人生を築き上げることができるのです。

そしてもう1つ素晴らしいのは、自分が成長し続けるということでしょう。一点を見つめてたどり着くと、そこでゴールインして終わってしまいます。
でも、プランド・ハップンスタンスには終わりがない。自分の成長とともにビジョンも成長し続けます。

そのビジョンを見つめながら、自分の好奇心と行動で点がつくられ続け、つながり続ける。

そうやって、最高にワクワクする人生が続いていくのです。
それができる自分に感謝する。それを支えてくれるみんなに感謝する。そうやって生きていく――そんな最高の人生を、あなたもぜひとも築き上げてくださいね。

意図的インプット、意図的アウトプット、アップデート、リーチアウト（出会い）、持続、そして感謝。

これが、ブランド・ハップンスタンスで自分らしいキャリア構築を可能にするサイクルです。

そしてそれを可能にするのは、６つの武器を身につけた「どんなときでも道を切り拓ける自分」という存在です。

ここまでよくがんばったね。

I am so proud of you.
Now, you have everything you need to build the life you want.
Yes, you can do it.
I am with you and cheering for you always.
Thank you for letting me be your coach.

Love,
Coach Shigeko

第7の武器のまとめ

■激変の時代、逆算型の従来のキャリア構築には
2つの問題点がある

■プランド・ハップンスタンスは「5つの能力＋1」で
鍛える。
それは、好奇心、持続性、柔軟性、楽観性、冒険心、
そして「感謝する心」

■「やりたいこと」が明確である必要はなく、
「何となく」の方向性があればいい

おわりに・あなたの後に続く誰かのために

実は私には、この本を書くもう1つの理由がありました。それは、あなたにぜひとも次世代のロールモデルになってほしいということ。

あなたがどんなときも道を切り拓いて、自分らしいキャリアを歩むということは、自分の幸せと成功のためだけではありません。

実は、もっともっと大きな意味があります。それは、日本の未来を支える次世代に新しい生き方の道を示すということです。

今を生きるあなたには、新しい時代の女性の生き方、男性の生き方の手本を見せてくれるロールモデルがそれほどいないのが現状です。なにしろ、いまだかつてこんな時代はなかったのだから。

だからこそ、あなたがロールモデルになることが必要なのです。

あなたの後に続く誰かのためにも、嵐が来ても折れることなく、道が寸断されても立ち往生することなく、選択を迫られても怯むことなく、暗闇が襲ってきたら光となり、崖っぷちから落ちてもまた立ち上がり――そうやってどんなときも道を切り拓き、自分らしいキャリアを歩んで、自分史上最高の自分を生きてほしい。

あなたにはそれができる。だって、7つの武器を手にしたのだから。あとは実践あるのみです。

スキルは実践すればするほどに身につきます。スキルは人を選びません。誰だって身につけられる。そして、実践した数だけ自分のものになるのです。

応援しています。心から。

そんな願いを込めて、ライフコーチ・ボーク重子が最高のパッションとともにあなたのために書いた、新しい時代のキャリア構築に関する紙上コーチング。

前例のないほど激変の社会、でもワクワクと可能性が詰まった時代を生きるあなたのキャリア構築のヒントになったのなら、これほど光栄なことはありません。

私を、あなたの大切なキャリア構築のパートナーにしてくれてありがとう。

あなたという唯一無二の存在の伴走をさせていただけたことに、最大の感謝と愛を込めて、最後の質問を贈ります。

質問

25

What's your passion?

いつでも、コーチ重子はあなたの側にいます。そして応援しています。

コーチとしてこの本を執筆する機会をくださったディスカヴァー・トゥエンティワンの三谷祐一さん、榎本明日香さん、アップルシード・エージェンシーの宮原陽介さん、そして１２０％のＷＯＷを届けるために力を貸してくれたみなさま、本当にありがとうございました。最高に楽しかったです。

そして、一緒に走ってくれる仲間のみんな。みんながいるから私は走り続けられます。コーチ重子であり続けられます。

全国、そして海外にいる１４０名のボーク重子認定・非認知能力育児コーチのＢＹＢＳシスターズ＋１。みんなと一丸となって非認知能力の育成を広めていける機会をありがとう。

私が「これからは認知＋非認知能力だよ」と言い出した5年前は、まだまだ認知能力オンリーが主流でした。そのときから「これからは非認知能力が大事です！」と賛同してくれて一緒に走ってくれる大切なシスターズのみんな。I love you.

非認知能力を育む子育てコーチング3か月チャレンジ受講生のＢＹＢＳベイビーズのみんな。親である自分の非認知能力を育んで、そんな自分で子どもの非認知能力を高めていく子育て、応援しています。「3チャレ」を受けてくれて本当にありがとう。一緒に非認知能力を育む子育ての大切さを広めていこうね。

非認知能力を育むサロンのメンバーのみんな、ワークショップ、そして講演会に参加してくださった方々、いつも応援してくれるファンのみんな、この本を手に取ってくれたあなた。本当にありがとう。心からの感謝を込めて。またいつか、どこかでお会いしましょうね。きっと。

そして、愛するティムとスカイ（アスペンも！）。どんなときも側にいてくれて、支えてくれてありがとう。

Thank you from the bottom of my heart.
Together we go far.
みんなと一緒だから遠くに行ける。

一緒に非認知能力を高めて、最高に幸せな人生を生きようね。
自分のために、そして自分以外の愛する誰かのために、後に続くみんなのために。

Coach Shigeko

Be your best self!

2023年1月　ワシントンDCにて

人生・キャリアのモヤモヤから自由になれる
大人の「非認知能力」を鍛える25の質問

発行日　2023年2月17日　第1刷
　　　　2023年3月 3日　第2刷

Author　ボーク重子
著者エージェント：アップルシード・エージェンシー

Photographer　平林直己

Book Designer　カバー：西垂水敦・松山千尋（krran）
本文：荒井雅美（トモエキコウ）

Publication　株式会社ディスカヴァー・トゥエンティワン
〒102-0093　東京都千代田区平河町 2-16-1 平河町森タワー 11F
TEL　03-3237-8321（代表）03-3237-8345（営業）
FAX　03-3237-8323
http://www.d21.co.jp

Publisher　谷口奈緒美
Editor　三谷祐一

Marketing Solution Company
小田孝文　蛯原昇　谷本健　飯田智樹　早水真吾　古矢薫　山中麻吏　佐藤昌幸
青木翔平　磯部隆　井筒浩　小田木もも　工藤奈津子　佐藤淳基　庄司知世
副島杏南　滝口景太郎　竹内大貴　津野主揮　野村美空　野村美紀　廣内悠理
松ノ下直輝　南健一　八木眸　安永智洋　山田諭志　高原未来子　藤井かおり
藤井多穂子　井澤徳子　伊藤香　伊藤由美　小山怜那　葛目美枝子　鈴木洋子
畑野衣見　町田加奈子　宮崎陽子

Digital Publishing Company
大山聡子　川島理　藤田浩芳　大竹朝子　中島俊平　小関勝則　千葉正幸
原典宏　青木涼馬　伊東佑真　榎本明日香　王廳　大﨑双葉　大田原恵美
佐藤サラ圭　志摩麻衣　杉田彰子　舘瑞恵　田山礼真　中西花　西川なつか
野﨑竜海　野中保奈美　橋本莉奈　林秀樹　星野悠果　牧野類　三谷祐一
宮田有利子　三輪真也　村尾純司　元木優子　安永姫菜　足立由実　小石亜季
中澤泰宏　森遊机　浅野目七重　石橋佐知子　蛯原華恵　千葉潤子

TECH Company　大星多聞　森谷真一　馮東平　宇賀神実　小野航平　林秀規　福田章平

Headquarters　塩川和真　井上竜之介　奥田千晶　久保裕子　田中亜紀　福永友紀　池田望
石光まゆ子　齋藤朋子　俵敬子　宮下祥子　丸山香織　阿知波淳平
近江花渚　仙田彩花

Proofreader　文字工房燦光
DTP　株式会社 RUHIA
Printing　日経印刷株式会社

ISBN978-4-7993-2930-6